中国人民大学“2018年中央高校建设世界一流大学(学科)和特色发展引导专项资金”资助成果

唐诗赏析

Tang Shi Shang Xi

『新动力汉语』留学生本科系列教材

主编◎李禄兴

徐承伟◎编著

華中科技大學出版社
http://www.hustp.com
中国·武汉

内容简介

《唐诗赏析》是专为外国人学习唐诗编写的教材。是中国人民大学“2018年中央高校建设世界一流大学（学科）和特色发展引导专项资金”支持项目。本书从留学生汉语水平出发，选取最能代表唐朝在诗歌创作上的杰出作家作品，以清雅、优美、富于神韵的近体诗和篇幅短小的绝句及五律为主，突出中国文化的核心价值，展示唐代中国人的心灵世界、文化性格、生活态度和审美情趣。内容分唐诗知识、原诗、拼音、注释、汉译、英译、赏析等部分，旨在帮助留学生学习汉语，了解中国文化，提高中国文学的修养和审美品位。

图书在版编目(CIP)数据

唐诗赏析/徐承伟编著.—武汉：华中科技大学出版社，2019.9
“新动力汉语”留学生本科系列教材
ISBN 978-7-5680-5694-6

Ⅰ.①唐… Ⅱ.①徐… Ⅲ.①汉语-对外汉语教学-教材 ②唐诗-诗歌欣赏 Ⅳ.①H195.4

中国版本图书馆CIP数据核字(2019)第197554号

唐诗赏析
Tangshi Shangxi

徐承伟 编著

策划编辑：宋 焱
责任编辑：章 红
封面设计：廖亚萍
责任校对：曾 婷
责任监印：周治超
出版发行：华中科技大学出版社（中国·武汉） 电话：(027)81321913
武汉市东湖新技术开发区华工科技园 邮编：430223
录 排：华中科技大学出版社美编室
印 刷：武汉科源印刷设计有限公司
开 本：787mm×1092mm 1/16
印 张：12.25 插页：1
字 数：215千字
版 次：2019年9月第1版第1次印刷
定 价：58.00元

序

目前国内针对本科留学生“汉语言”和“汉语言文学”两个专业的教材为数不多，但随着留学生数量的增加，对教材的需求越来越大。因此，编写出适用、具有针对性且符合时代发展需要的本科专业教材不仅有利于教学质量和效率的提高，也将成为推动汉语国际教学事业发展和学科建设的一项根本性任务。经过认真研究，中国人民大学文学院对外汉语教学中心决定编写这套“新动力汉语”留学生本科系列教材，包括《现代汉语》（上、下）、《唐诗赏析》共3册。今后还会陆续增加相应的教材，以涵盖整个培养方案中的全部课程。这套教材的编写获得了中国人民大学“2018年中央高校建设世界一流大学（学科）和特色发展引导专项资金”的支持。

《现代汉语》（上、下）为该专业必修课程“现代汉语”编写，在充分遵循第二语言教学规律的前提下，紧密围绕专业培养目标和外国留学生的实际特点，力求概念解释清楚、叙述简单明了、例子精当易懂、练习丰富实用，突出教材的规范性、科学性、针对性和易学性。上册主要内容为语音、汉字、词汇部分，通过对基本知识的讲解，辅之以丰富的练习形式，让学生掌握现代汉语的基本原理。每周两课时，按每个学期实际上课15周计，共计30课时左右。下册主要内容为现代汉语语法，结合留学生学习汉语偏误，进行深入浅出的讲解，对于提高留学生汉语言知识和汉语交际技能都有重要帮助。设计课时为每周3课时，共用45课时完成。当然，教师可以根据学生的学习水平和教学特点的需要，进行灵活调整。

《唐诗赏析》教材切合留学生汉语水平，多选取清雅、优美、富于神韵的近体诗和篇幅短小的绝句及五律，兼顾作者、主题、体裁的多种多样，风格情调的多姿多彩，分唐诗知识、原诗、拼音、注释、汉译、英译、赏析、练习等若干部分，既帮助

学生学习和理解汉语文化，又能提高学生中国文学的修养和审美品位，力求在普及通俗中见出高雅，“通而不俗”。该教材既可以作为“汉语言”和“汉语言文学”专业必修课、选修课教材，也可作为其他专业的公选课教材。设计为每周 2 课时，总计 30 课时。

“新动力汉语”留学生本科系列教材注重定位的准确性，在教学大纲的指导下，教学内容兼顾学习者汉语水平和未来专业发展需要，教材的结构设计、内容的选择、注释和说明、习题的编制、课文的长短等等，从宏观到微观，力求时时处处站在学习者的角度，用学习者的眼光来加以衡量和取舍。同时教材设计和编写从理论到实践、从体例编创到各环节的组织和安排，都考虑与以往教材的联系与区别，充分吸收以往教材编写的成功经验，认真考虑所编教材整体或局部的创新之所在。

这套教材的出版得到了中国人民大学文学院的大力支持，同时得到了华中科技大学出版社的高度重视。编辑宋焱同志做了大量细致的工作，提出了很多宝贵建议。参与编写的教师们本着精益求精的学术态度，在承担繁重教学任务的同时高质量地完成了编写工作。在此一并致谢！由于编写水平的局限，书中难免出现一些错误和纰漏，希望使用者提出宝贵意见和建议。

李禄兴

于中国人民大学人文楼

2019 年 3 月 6 日

致教师

尊敬的同行：

感谢您使用这本书。

《唐诗赏析》是专为外国人学习唐诗编写的教材。

设计为每周 2 课时，每次一单元，总共 14 单元，另附两套选做的中国诗词练习题，30 课时，一学期学完。

本书从留学生汉语水平出发，选取唐代最典型的作家作品，以篇幅短小为主，不重系统性，旨在帮助学生学习汉语，了解中国文化，提高中国文学的修养和审美品位。

结构上：第一编为唐诗概述及唐诗赏析相关知识。

第二、三、四、五编，分初、盛、中、晚四期，为唐诗赏析。

编排上，分唐诗知识、原诗、拼音、注释、汉译、英译、赏析、练习等部分。

教学环节，每单元相对固定，教师可以根据章节难易，适当选择、调整。

练习部分，因学生基础不同，题目有深有浅，有难有易，教师可酌情选做，或作为考试出题参考。

最后，附录两套中国诗词知识百题试卷，亦从兴趣出发，范围广，难度大，请教师挑选适当题目，酌情使用。

本教材英文翻译部分参阅了许渊冲、杨宪益、董伯韬等著名翻译家的唐诗英译，许渊冲先生的“韵译”功力过人，杨译经典，董译意境优美，这些对外国学生深入理解中国诗歌有巨大帮助，特此致谢！

祝您教学顺利！

致学生

孔子说:“不学诗,无以言。”

欢迎你学习《唐诗赏析》这本书。

中国是诗的国度,唐诗是中国诗歌最好的部分,你的选择很明智。

这本教材,选取易学、经典的56首优美唐诗,介绍相关知识及赏析。

学习时,建议对于短小的唐诗,大声朗读、背诵,你会感觉唇齿生香,有意想不到的收获。愿你学完这本教材,爱上唐诗。

祝你学习愉快!

徐承伟

目录

第一编 导言

第二编 初唐诗

第三编 盛唐诗

第四编 中唐诗

第五编 晚唐诗

中国诗词知识百题

第一编 导言

第一单元 唐诗概述

第一节 引 言

五千年的中国文学，如绵延群山，在不同时代，形成不同的高峰。在中国古典文学研究中，我们用一些专门名词，来代表中国古典文学的最好部分：一是汉文；二是唐诗；三是宋词；四是元曲；五是明清小说。

这些中国古典文学作品，在塑造、构成中华民族文化精神方面具有极其重要的意义，它们既是连接中国人思想、情感的文化纽带，也是中国文化走向世界的重要桥梁。

唐诗——唐朝诗人所作的诗，这是中国古典文学最辉煌的部分之一，是唐人献给世界文学的礼物，是中华文化的重要遗产。

一、中国历史朝代歌

唐诗是唐代文学的一部分。学习唐诗，必须先了解唐代。

为方便记住中国历史各个朝代，美国哈佛大学的一位教授曾编《两只老虎》版“中国朝代歌”，用儿歌《两只老虎》的曲调来唱：

（夏）商、周、秦、汉
商、周、秦、汉
隋、唐、宋——
隋、唐、宋——

元、明、清——Republic

元、明、清——Republic

毛泽东——

毛泽东——

二、唐代（618—907年），历经21位皇帝，总共289年

在隋末农民起义中，原隋朝大官李渊和他的儿子们（世民与兄建成）推翻隋朝，公元618年，李渊在长安（今西安）称帝，建立唐朝。纵观中国历史，中国古代鼎盛时期就是唐宋时代。在世界范围内，公元7－13世纪（唐宋时代）可以说是中国世纪，唐宋时期600年间的中国，在当时世界首屈一指。表现在：一是政治先进；二是经济繁荣；三是文化发达。

唐朝疆域约1100多万平方公里，是中国历史上空前强大的统一帝国。在当时世界上，属于最先进、文明的国家。唐太宗李世民在位期间（626—649年），励精图治，史称“贞观之治”，唐朝真正成为长治久安的大一统王朝。

唐朝鼎盛时期，不仅物质丰富，文化也极其繁荣，而诗歌更是发展到了顶峰，成为中华诗歌史上高度成熟的黄金时代。

所以，唐诗——最好时代中的最好作品，是中国文化的瑰宝。

三、关于唐诗分期

传统上，唐诗的发展阶段分初、盛、中、晚四个时期。

初唐：公元618—712年，唐高祖—唐睿宗时期

盛唐：公元713—766年，唐玄宗—唐代宗时期

中唐：公元767—835年，唐代宗—唐文宗时期

晚唐：公元836—907年，唐文宗—唐哀帝时期

事实上，唐诗分期的着眼点，是与唐代历史发展进程相一致的。唐代社会政治、经济等各方面的发展，也历经初创、发展、繁荣、衰落四个时期。唐诗由前朝诗歌发展而来，经过初唐、盛唐、中唐、晚唐四个阶段，在盛唐时期，达到繁荣昌盛的顶峰，大诗人李白、杜甫等，就生活在这个时代。

第二节　唐诗兴盛原因

唐代诗歌达到全面繁荣，成为中国古典诗歌发展的黄金时代。

1. 社会因素

(1) 唐代国势强大，经济富裕，朝廷宴游，多唱诗互和。

(2) 国家的统一，南北交通无阻，文人有机会饱览祖国山川，激发诗情，诗歌唱和成为风气。

(3) 安史之乱后，诗人经历离乱，丰富的生活素材，刺激诗歌创作灵感，也促成唐诗的兴盛。

2. 政治因素

(1) 君主提倡。唐代多个皇帝，都爱好音乐，并大加提倡。高宗、武后，常自制新词，编为乐府。玄宗自己是诗人、乐师兼优伶，对文学艺术的发展，有一定的刺激作用。

(2) 唐代科举以诗取士，诗歌一门，成为文人做官的捷径，对加强诗歌技巧的训练和诗歌的普及，有重要作用。

3. 文学本身的发展

诗体的进化。从先秦的《诗经》《楚辞》，到两汉的乐府民歌、古诗十九首，再到建安、正始和两晋的诗歌创作，以至南北朝声律说的提出和应用，都为唐代诗歌积累了丰富的创作经验。

4. 外来艺术的影响

唐代思想自由、文化活跃，对外实行交流政策。唐代的音乐、雕塑、舞蹈、绘画等，在中国传统基础上，都吸收了外来文化的影响，对文学创作、诗歌的内容和风格，有积极的影响和启发作用。

第三节　唐诗成就

一、关于唐诗的评价

1．“唐后无诗”

鲁迅先生说：“我以为一切好诗，到唐朝已被做完，此后倘非翻出如来掌心之‘齐天大圣’，大可不必再动手了。”

唐诗——无与伦比的高峰。

2．唐诗——诗唐

闻一多：“一般人爱说唐诗，我却要讲‘诗唐’，诗唐者，诗的唐朝也，懂得了诗的唐朝，才能欣赏唐朝的诗。”

闻一多所提出的“诗唐”的主要含义是：唐人的生活是诗的生活，或者说他们的诗是生活化了的。

二、唐诗盛况

《全唐诗》是唐代诗歌的总汇。

《全唐诗》是清代康熙四十四年（1705年），彭定求、沈三曾等10人，奉康熙皇帝之命编校。目前我们可以看到的唐诗，数量达55730首，诗人约3800位。[①]

1992年夏天，在湖南长沙唐窑出土的瓷器上，又发现几百首唐诗，“其中不少诗是《全唐诗》中没有收进去的”。

唐代诗坛，群星璀璨，有大诗人如李白、杜甫、白居易、王维等。此外，独具风格的著名诗人五六十名，这一数字，大大超出前代著名诗人的总和。

唐诗代表了中华诗歌的最高成就，是中华以及世界文坛上浓墨重彩的一笔，更是世界文化发展史上最具文采的高峰之一。鲁迅先生所言“……一切好诗，到唐朝已被做完，此后……大可不必再动手了”，这并不是说唐后无诗了，实在是说，后来人学诗写诗，要先读唐诗是很必要的。

① 见百度百科。

第四节　唐诗内容及重要流派

一、唐诗分类

为了学习方便，按照内容，我们把唐诗略分为五大类：一是写景抒情诗；二是即事感怀诗；三是咏物言志诗；四是怀古咏史诗；五是边塞征战诗。

二、重要诗歌流派

（一）按照内容划分

1. 山水田园诗派

代表人物：王维、孟浩然。

特点：题材多青山白云、幽人隐士；风格多恬静雅淡，富于阴柔之美；形式多五言古诗 、五绝、五律。

代表作：王维的《山居秋暝》《西施咏》《九月九日忆山东兄弟》等，孟浩然的《过故人庄》等。

2. 边塞诗派

代表人物：高适、岑参、王昌龄、李益、王之涣、李颀。

特点：描写战争与战场，表现保家卫国的英勇精神，或描写雄浑壮美的边塞风光、奇异的风土人情，或描写战争的残酷、军中的黑暗、征戍的艰辛，表达对民族和睦的向往与情怀。

代表作：高适的《燕歌行》《别董大》《蓟门行五首》《塞上》《塞下曲》等，岑参的《白雪歌送武判官归京》，王昌龄的《出塞》，李益的《从军北征》，王之涣的《凉州词》等。

（二）按照风格划分

1. 浪漫主义代表人物：李白

特点：以抒发个人情怀为中心，咏唱对自由人生、个人价值的渴望与追求。作品自由、奔放、顺畅、想象丰富、气势宏大，语言主张自然，反对雕琢。

代表作：《月下独酌》《梦游天姥吟留别》《蜀道难》等。

2. 现实主义代表人物：杜甫

特点：诗歌艺术风格沉郁顿挫，多表现忧时伤世、悲天悯人的情怀。自中唐到宋代以来的诗人很多继承了杜甫的写实风格。

代表作：《望岳》《登高》《三吏》《三别》《兵车行》等。

其他，详见以后各章。

◎ 重要概念

《全唐诗》　山水田园诗派　边塞诗派

本课练习题及答案

第二单元　唐诗赏析相关知识

第一节　唐诗知识

唐诗完成了中国古典诗歌各种形式的创造。古体诗的五言、七言、乐府歌行；近体诗的五律、七律、五绝、七绝、排律，无不齐备。这些形式，上承风骚（《诗经》《离骚》），下启词曲，成为中国文学史上流传最广泛、影响最深远的诗体。唐诗的成就，空前绝后，成为以后各代诗的榜样。

以下是学习唐诗、欣赏唐诗必须掌握的重要概念。

一、重要概念

1. 格律

格律是中国古典诗歌独有的，在格式、音律等方面所应遵守的准则。特别针对近体诗而言，近体诗在格律上要求严格，而古体诗则没有确定的、严格的格律要求。

2. 押韵

押韵，又作压韵，是指在韵文的创作中，在某些句子的最后一个字，都使用韵母相同或相近的字，或者平仄统一。这些使用了同一韵母字的地方，称为韵脚。

押韵是增强诗歌音乐性的重要手段，使诗歌声调和谐优美、容易记忆。

3. 对仗

对仗是中古时诗歌格律的表现方法之一。它要求把同类或对立概念的词语，放在相对应的位置上。对仗主要包括词语的对仗和句式的对仗，即上下两句中，词语平仄必须相反、相对的句子，句型应该相同，句法结构要一致。对仗使诗歌语句更具韵味，能增加词语表现力。

4. 平仄

（1）什么是平仄?

平仄是中国诗词中用字的声调。平就是平直，仄就是曲折。古汉语分为平、上、去、入四声 。

（2）平仄划分原则：不完全归纳法。非平即仄。除了平声字外，其余上声、去声、入声字，都属仄声。

现代汉语没有入声字。按照《中华新韵》规则：第一、第二声为平声；第三、第四声为仄声。

二、唐诗体裁

唐诗体裁即唐诗的种类和样式。从体裁上，唐诗分为古体诗和近体诗。

1. 古体诗

古体诗又称古诗或古风，专指唐代以前流行并在唐代继续流行的一种诗体，和唐代形成的近体诗相对存在。

古体诗的特点：没有明确的格律要求，一是每篇句数不限，二是每句字数不限，三是可押韵也可不押韵，四是句与句间没有平仄对应和用词对仗的要求。

一句话，古体诗的格律比较自由。

古体诗分两大类：五言古诗和七言古诗（简称“五古”和“七古”）。

此外还有句式长短不齐的古诗，一般归入七古。

有的古体诗句数、字数和律诗相同，但用韵、平仄和对仗都不同于律诗的要求，所以仍是古诗。

2. 近体诗

近体诗又叫今体诗（“近”和“今”都是就唐代而言），有严格的格律要求。近体诗特点：一是句数、字数有规定；二是按规定的韵部押韵；三是上句和下句各字之间要求平仄对立和相粘；四是某些句子之间用词要对仗，即名词对名词，动词对动词，形容词对形容词等。

近体诗分两大类：一是律诗，由八句组成，五字句的称五言律诗，简称五律，七字句的称七言律诗，简称七律。二是绝句，由四句组成，五字句的称五言绝句，简称五绝，七字句的称七言绝句，简称七绝。

第二节 唐诗欣赏

1. 如何读懂一首唐诗?

要读懂一首唐诗，须从诗的组成要素入手。

诗人白居易在《与元九书》一文中，有一句话："诗者，根情，苗言，华声，实义。"

白居易用一棵大树，来比喻诗中各要素的地位和作用。什么是诗？在白居易看来，诗这个东西，感情是它的根本，语言是它的苗叶，声音是它的花朵（华：同"花"），思想是它的果实。

诗人杜甫有一句诗："文章千古事，得失寸心知。"

著名翻译家许渊冲先生译成英文如下：

A poem lasts a thousand years,
Who knows the poet's smiles and tears!

这两句诗，非常贴切地道出了诗人创作的甘苦。

我们欣赏唐诗，除了要理解诗的表面意思，读懂语言，还要深入下去，读懂诗的内涵，理解诗人的情感，体会唐人诗意的情怀和风采，进而理解唐代社会；在提高中国文学修养的同时，心灵受到滋养，得到审美享受，对于唐诗，达到知之—好之—乐之的境界。

2. 具体从哪些方面分析一首唐诗?

具体从以下几个方面分析：一是诗人的时代；二是诗人的经历；三是诗中的典故（诗文中引用的古代故事和有来历的词语）；四是诗表现的情境；五是诗眼（诗歌中表现力最强的关键词句）。

3. 如何欣赏唐诗的声音之美? ——吟诵

吟诵，即按照一定节奏、韵律和腔调，有感情地大声吟咏朗读。

吟诵是中国古典诗歌的传统学习方法，也是人们进行诗歌创作、鉴赏和传播的有效方式。唐诗的声音之美，需要朗读者吟诵出来才能体味。

第三节　实例讲解

1. 五言绝句

元稹的《行宫》：

寥落古行宫，宫花寂寞红。
白头宫女在，闲坐说玄宗。

这是一首五言绝句。首先，它必须是四句二十字。其次，它必须依照用韵要求，选一个韵部的字作韵脚。按照古韵《平水韵》，这首诗的“宫”“红”“宗”属韵部“东/冬”韵[①]。再次，它用的字必须合乎规定的平仄格式，这样读起来才抑扬间错、和谐动听。

绝句的一二句也称上联，三四句称下联。

这首诗的平仄格式是：

仄仄仄平平，平平仄仄平。
平平平仄仄，仄仄仄平平。

平——指的是古代汉语中的平声字；仄——指的是古代汉语中的上声、去声、入声字。按普通话说，阴平（第一声）、阳平（第二声）字属平；上声（第三声）、去声（第四声）字属仄。绝句上下句之间可以对仗，也可以不对仗。这首绝句全首对仗，后两句“欲穷”对“更上”，“千里”对“一层”，“目”对“楼”。

这首诗说明了近体诗最基本的格律要求。

此外，五言绝句还有三种平仄格式，共四种格式。

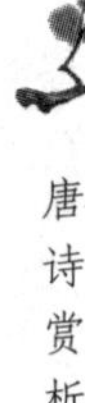

七言绝句、五言律诗、七言律诗也都各有四种平仄格式。

关于近体诗的平仄格式，不再详述。

① 唐代以前，“东”读为dūng，“冬”读为dōng。南宋时这种区别已不明显，但古韵书多还坚持“袭古”原则，保留了唐以前的读音分类。从唐中期开始，“一东”“二冬”两个韵部越来越趋向合一。

2. 七言绝句

孟浩然的《送杜十四之江南》：

荆吴相接水为乡，君去春江正淼茫。
日暮孤帆何处泊？天涯一望断人肠。

这首诗表达了送别友人远行时留恋怅惘的感情。

全诗四句，28个字，押的是“七阳”韵，平仄按规则。因绝句允许不对仗，这首诗就没有对仗。

3. 五言律诗

戴叔伦的《除夜宿石头驿》：

旅馆谁相问？寒灯独可亲。
一年将尽夜，万里未归人。
寥落悲前事，支离笑此身。
愁颜与衰鬓，明日又逢春。

这是除夕之夜，远离家乡亲人，独宿逆旅，感慨遭际的诗。

全诗八句，40个字，押“真”韵，平仄合规则。

律诗的一二句称“首联”，三四句称“颔联”，五六句称“颈联”，七八句称“尾联”。

律诗的颔联和颈联必须对仗。

如这首的颔联“一年”对“万里”，“将尽”对“未归”，“夜”对“人”；颈联“寥落”对“支离”，“悲”对“笑”，“前事”对“此身”。

4. 七言律诗

柳宗元的《别舍弟宗一》：

零落残魂倍黯然，双垂别泪越江边。
一身去国六千里，万死投荒十二年。
桂岭瘴来云似墨，洞庭春尽水如天。
欲知此后相思梦，长在荆门郢树烟。

这是柳宗元被贬到蛮荒的柳州，送别堂弟柳宗一去江陵时写的诗，情绪极度感伤悲愤。

全诗八句，56个字，用的是“先”韵，平仄合规则，颔联和颈联对仗工整。七言律诗第一句多用韵，也可不用韵，这首用韵。

律诗中还有一种“排律”，即把律诗延长至10句以上乃至百句，除首、尾两联外，中间所有出句与对句全要对仗。

唐代诗歌的样式，在初唐时期已经齐备，盛唐时期达到了诗歌创作的高峰。

◎ 重要概念

唐诗体裁　古体诗　近体诗　格律　平仄　押韵　对仗

本课练习题及答案

第二编　初唐诗

初唐：公元618—712年，唐高祖—唐睿宗时期

第三单元 初唐诗赏析

内容提要

唐诗知识

初唐诗略述　重要概念　初唐对唐诗发展的贡献

赏析篇目

1. 孔绍安《落叶》
2. 王勃《送杜少府之任蜀州》
3. 陈子昂《登幽州台歌》
4. 王绩《野望》

泛读篇目

骆宾王《在狱咏蝉》

第一节 唐诗知识

一、初唐诗略述

唐诗由前代的诗歌发展而来，经历了从南朝宫廷诗到成熟的盛唐诗转变的过程。

初唐（618—712年）近百年间，是唐诗发展的准备阶段。前期，诗歌受南朝齐梁诗风的影响，有宫廷化、贵族化的特点，题材狭窄，词藻华丽，在各方面都不够成熟。其后，随着初唐四杰、陈子昂到沈佺期、宋之问的出现，唐诗从宫廷诗的惯例到古体诗、近体诗逐步成熟，缓慢地向盛唐诗过渡与迈进。

二、重要概念

1. 题材

题材指诗歌内容，作品表现主题所用的材料。也指作为写作材料的社会生活的某些方面。

2. 意境

意境即作品中描绘的生活图景与所表现的思想情感融为一体而形成的艺术境界。

意——作者的思想情感，境——客观形象。特点是景中有情，情中有景，情景交融。

3. 意象

意象指客观物象经过创作主体独特的情感活动而创造出来的一种艺术形象。

意象是用来寄托主观情思的客观物象。主观的“意”和客观的“象”的结合，成为融入诗人思想感情的“物象”，是赋有某种特殊含义和文学意味的具体形象。特点是借物抒情。

4. 初唐四杰

初唐四杰指初唐时期四位“年少而才高，官小而名大”的诗人，他们是：王勃、杨炯、卢照邻、骆宾王。他们不凭借政治势力和出身门第，以激扬豪迈的诗作，抒发壮志和不平，拓宽了诗歌题材，为唐初诗坛吹进一股清新之风。

如杨炯的《从军行》：“烽火照西京，心中自不平……宁为百夫长，胜作一书生。”他宁可做个低级军官（百夫长），也不想做书生老死窗下，表现了青年人投笔从戎、建功立业的热望。

三、初唐对唐诗发展的贡献

首先是初唐四杰，他们

（1）扩大了诗的表现范围，把诗歌从宫廷移到了市井百姓中，从台阁转向山川大漠，气势雄伟、意境开阔。

（2）具有明确的审美追求，表现慷慨激越的情感、提倡刚健有力的文风。

（3）在形式上，探索新的语言节奏和章法，使五言律诗初步定型，趋向成熟，七言歌行得到改善与发展。

其次是陈子昂。“四杰”之后，陈子昂从理论上对南朝以来衰弱的诗风提出批评，提倡学习“汉魏风骨”，恢复建安时代慷慨悲凉、刚健雄迈的诗风。

他的《感遇》诗 38 首实践了自己的主张，影响深远。他的《登幽州台歌》：“前不见古人，后不见来者；念天地之悠悠，独怆然而涕下。”苍凉辽阔，哀而不伤，被认为是怀古诗的绝唱。韩愈曾说：“国朝盛文章，子昂始高蹈。”肯定了他在唐诗发展中的重要作用。

其他，如沈佺期、宋之问。他们总结以往诗人诗歌格律的成果，用创作实践促进“近体诗”最后定型。

第二节　唐诗赏析

一、孔绍安《落叶》

1. 作者简介

孔绍安（577—622 年）越州山阴（今浙江绍兴）人。年少时以文词知名。隋末唐初人。作品有《孔绍安集》五十卷 。

2. 原诗

落叶　孔绍安

早秋惊落叶，飘零似客心。

翻飞未肯下，犹言惜故林。

3. 拼音

luò yè　kǒng shào ān

zǎo qiū jīng luò yè ，piāo líng sì kè xīn 。

fān fēi wèi kěn xià ，yóu yán xī gù lín 。

4. 注释

(1) 惊落叶：树叶好像受惊似的，纷纷飘落下来。

(2) 客心：漂泊他乡的游子心情。

(3) 犹言：好像在说。惜：舍不得。

5. 汉译

初秋　落叶
在风中旋舞，
仿佛诉说着，
对树的依恋。
(客居他乡的游子心也这样飘零啊！)

6. 英译

Falling Leaves　by Kong Shaoan

As the leaves are
Turning in the wind,
In the early autumn wind
My heart is sinking;
In the waves of the strangers,
Nostalgias have the color
Of the falling season.

7. 赏析

全诗通过巧妙的比喻和拟人手法，描写了入秋落叶所引起的游子思归、怀乡之情。

首句，用落叶惊秋的形象，比喻诗人国破家亡后的境况。开头“早”字，便给读者好景不长的暗示，“客”字，使人联想起南唐亡国的皇帝李煜的“梦里不知身是客”，尽管孔绍安和李煜的时代相距近四百年，各自的地位和处境也不完全一样，但其飘零感是相似的。

末两句，写诗人怀恋故国的感情。仍然用比兴手法，紧扣落叶着笔。“翻飞”二字，竭力形容诗人内心纷乱而又身不由己的神情状貌，十分贴切。

这首诗借用了秋天独有的景色——落叶，把自己比喻为在空中飘浮不定的落叶，表明了作者身处他乡的无奈、凄凉，借落叶感叹身世。紧扣落叶，触景生情，寓托自然。

二、王勃《送杜少府之任蜀州》

1. 作者简介

王勃（约650—676年），字子安，古绛州龙门（今山西河津）人。自幼聪敏好学，据《旧唐书》记载，他六岁能文，被赞为“神童”。九岁时，读颜师古注《汉书》，作《指瑕》十卷以纠正其错。十六岁时，应科试及第，授职朝散郎。因做《斗鸡檄》被赶出沛王府。之后，王勃历时三年游览巴蜀山川景物，创作了大量诗文。返回长安后，求补得虢州参军。在参军任上，因私杀官奴二次被贬。唐高宗上元三年（676年）八月，自交趾探望父亲返回时，不幸渡海溺水而死。

王勃擅长五律和五绝，在“初唐四杰”中最杰出。千古名句：落霞与孤鹜齐飞，秋水共长天一色。这一幅文字描绘的绝美秋色图，就是王勃的佳作。

2. 原诗

送杜少府之任蜀州　王勃

城阙辅三秦，风烟望五津。
与君离别意，同是宦游人。
海内存知己，天涯若比邻。
无为在歧路，儿女共沾巾。

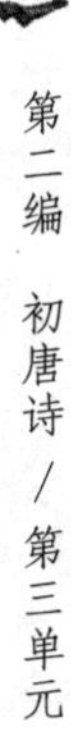

3. 拼音

sòng dù shǎo fǔ zhī rèn shǔ zhōu　wáng bó
chéng què fǔ sān qín，fēng yān wàng wǔ jīn。
yǔ jūn lí bié yì，tóng shì huàn yóu rén。
hǎi nèi cún zhī jǐ，tiān yá ruò bǐ lín。
wú wéi zài qí lù，ér nǚ gòng zhān jīn。

4. 注释

（1）少府：官名。之：到、往。蜀州：今四川崇州。

（2）城阙（què）辅三秦：城阙，即城楼，指唐代首都长安城。辅，护卫。三秦，指长安城附近的关中之地，即今陕西省潼关以西一带。

（3）风烟望五津："风烟"两字，名词用作状语，表示行为的处所。在风烟迷茫之中，遥望蜀州。

（4）君：对人的尊称，相当于"您"。

（5）同：一作"俱"。宦（huàn）游：出外做官。

（6）海内：四海之内，即全国各地。

（7）天涯：天边，这里比喻极远的地方。比邻：并邻，近邻。

（8）无为：无须、不必。歧（qí）路：岔路。古人送行常在大路分岔处告别。

（9）沾巾：泪水沾湿衣服和腰带。意思是挥泪告别。

5. 汉译

长安城被三秦大地包围着，
风烟迷蒙中，我遥望蜀州。
和朋友你离别的情意啊，
我们同是宦海中浮沉的人。
在世上我有你这个知己朋友，
虽然远在天涯，也好似近在比邻。
请不要在岔路口上分手之时，
像小儿女那样流泪沾湿了手巾。

6. 英译

Farewell to Prefect Du by Wang Bo

You'll leave the town walled far and wide
For mist-veiled land by riverside.
I feel on parting sad and drear,
For both of us are strangers here.
If you've a friend who knows your heart,
Distance can't keep you two apart.
At cross roads where we bid adieu,
Do not shed tears as women do!

7. 赏析

《送杜少府之任蜀州》大约作于唐高宗乾封年间（666—668年），是王勃游蜀之前，在长安做官时期的作品，为送别一位到蜀地任职的姓杜的朋友而作。

这首诗是送别诗中的名作。诗意劝勉友人，不要在离别之时悲哀。

首联描画出送别地与友人出发地的形势和风貌，隐含送别的情意，严整对仗。

颔联是宽慰的话，点明离别的必然性。

颈联奇峰突起，高度概括了“友情深厚，江山难阻”的情境，使友情升华到更高的美学境界。

尾联点出“送”的主题，继续劝勉、叮咛朋友，也是自己情怀的吐露。

虽然是送别诗，但是没有悲苦缠绵之态，音调明快，语言清新，体现出诗人高远的志向和旷达的心胸情趣。

“文似看山不喜平”（清代袁枚《随园诗话》），意思是写文章好比观赏山峰那样，喜欢奇势迭出，最忌平坦。好诗也是这样。这首诗仅四十个字，却变化无穷，仿佛在一张小小的画幅上，包容着无数的丘壑，有看不尽的风光，至今广泛流传。

三、陈子昂《登幽州台歌》

1. 作者简介

陈子昂（659—700年），字伯玉，梓州射洪（今四川省遂宁市射洪县），初唐诗文革新人物之一。论诗强调“风雅兴寄”和“汉魏风骨”。因曾任右拾遗，后世称陈拾遗。存诗共100多首，其诗风骨峥嵘，寓意深远，苍劲有力，为开创盛唐诗风做出卓越贡献。

2. 原诗

登幽州台歌　陈子昂

前不见古人，后不见来者。

念天地之悠悠，独怆然而涕下！

3. 拼音

dēng yōu zhōu tái gē　chén zǐ áng

qián bú jiàn gǔ rén ，hòu bú jiàn lái zhě 。

niàn tiān dì zhī yōu yōu ，dú chuàng rán ér tì xià ！

4. 注释

（1）幽州：古十二州之一，今北京市。幽州台：即黄金台，又称蓟北楼，故址在今北京市大兴，是燕昭王为招纳天下贤士而建。

（2）前：过去。古人：古代那些能够礼贤下士的圣君。

（3）后：未来。来者：后世那些重视人才的贤明君主。

（4）念：想到。悠悠：形容时间的久远和空间的广大。

（5）怆然：悲伤凄恻的样子。涕：古时指眼泪。

5. 汉译

往前不见古代招贤的圣君，
向后不见后世求才的明君。
只有那苍茫天地悠悠无限，
止不住满怀悲伤热泪纷纷。

6. 英译

On Climbing the Tower at Youzhou　by Chen Ziang

Where are the great men of the past?
Where are those of future years?
The sky and earth forever last;
Here and now I alone shed tears.

7. 赏析

这首诗写于武则天万岁通天元年（696 年）。陈子昂做官直言敢谏，常批评武则天的弊政，因此受到打击，他心情苦闷，登上蓟北楼，慷慨悲吟，写下了《登幽州台歌》。

这是一首吊古伤今的生命悲歌。诗人登楼远眺，无限感慨。

前两句俯仰古今，描写时间的漫长。第三句登楼眺望，展示空间的辽阔。

在广阔无垠的时空背景中，第四句描绘了诗人孤独、寂寞、苦闷的情绪。

是的，高台，长天，诗人孤独地面对着无际无涯的时空，敏锐地感到怀才不遇的悲哀、无奈。

在艺术上，全诗风格明朗刚健，是唐代诗歌中具有“汉魏风骨”的先驱之作。短短四句，却展现了一幅境界雄浑、浩瀚空旷的画面。

句式方面，采取了长短参差的楚辞体句法。

语言奔放、苍劲，富有感染力。

结构紧凑、连贯，又留有充分的空间。

读来酣畅淋漓，余音缭绕。

四、王绩《野望》

1. 作者简介

王绩（589—644年），字无功，号东皋子，绛州（今属山西河津）人。一生郁郁不得志，曾三仕三隐，归隐山林田园后，以琴酒诗歌自娱。王绩是五言律诗的奠基人，为唐诗开创做出重要贡献。作品有《王无功文集》五卷本。

2. 原诗

野望　王绩

东皋薄暮望，徙倚欲何依。
树树皆秋色，山山唯落晖。
牧人驱犊返，猎马带禽归。
相顾无相识，长歌怀采薇。

3. 拼音

yě wàng　wáng jì

dōng gāo bó mù wàng，xǐ yǐ yù hé yī 。
shù shù jiē qiū sè，shān shān wéi luò huī 。
mù rén qū dú fǎn，liè mǎ dài qín guī 。
xiāng gù wú xiāng shí，cháng gē huái cǎi wēi 。

4. 注释

(1) 东皋(gāo):诗人隐居的地方。薄暮:傍晚。薄,迫近。

(2) 徙倚(xǐyǐ):徘徊,来回地走。依:归依。

(3) 秋色:一作“春色”。

(4) 落晖:落日。

(5) 犊(dú):小牛,这里指牛群。

(6) 禽:鸟兽,这里指猎物。

(7) 采薇:薇,是一种植物。相传周武王灭商后,伯夷、叔齐不愿做周的臣子,在首阳山上采薇而食,最后饿死。古时“采薇”代指隐居生活。

5. 汉译

傍晚时分站在东皋纵目远望,
我徘徊不定不知该归依何方。
层层树林都染上秋天的色彩,
重重山岭披着落日的余光。
牧人驱赶着那牛群返还家园,
猎人带着猎物驰过我的身旁,
大家相对无言彼此互不相识,
我长啸高歌真想隐居在山岗!

6. 英译

A Field View by Wang Ji

At dusk with eastern shore in view,
I stroll but know not where to go.
Tree on tree tinted with autumn hue,
Hill on hill steeped in sunset glow.
The shepherd drives his herd homebound;
The hunter loads his horse with game.
There is no connoisseur around;
I can but sing of hermits' name.

7. 赏析

这首诗写的是山野秋景。全诗于萧瑟怡静的景色描写中,流露出孤独抑郁的心情，抒发了惆怅、孤寂的情怀。

首联写在家乡某地，黄昏时分，徘徊不知往何处去，百无聊赖，内心彷徨。

颔联、颈联四句写薄暮中所见景物。举目四望，到处是一片秋色，在夕阳的余晖中越发显得萧瑟。在这静谧的背景之上，牧人与猎马的特写，带着牧歌式的田园气氛，使整个画面活动了起来。如一幅山居晚秋图，光与色，远景与近景，静态与动态，搭配得恰到好处。

然而，王绩还不能像陶渊明那样从田园中找到慰藉，尾联说，自己在现实中孤独无依，只好追怀古代的隐士，和伯夷、叔齐那样的人交朋友了。

“读熟了唐诗的人，也许并不觉得这首诗有什么特别的好处。可是，如果沿着诗歌史的顺序，从南朝的宋、齐、梁、陈一路读下来，忽然读到这首《野望》，便会为它的朴素而叫好。南朝诗风大多华靡艳丽，好像浑身裹着绸缎的珠光宝气的贵妇。从贵妇堆里走出来，忽然遇见一位荆钗布裙的村姑，她那不施脂粉的朴素美就会产生特别的魅力。王绩的《野望》便有这样一种朴素的好处。”

这首诗的体裁是五言律诗。自从南朝齐永明年间，沈约等人将声律的知识运用到诗歌创作当中，律诗这种新的体裁就已酝酿着了。到初唐的沈佺期、宋之问手里律诗遂定型化，成为一种重要的诗歌体裁。而早于沈、宋六十余年的王绩，已经能写出《野望》这样成熟的律诗，说明他是一个勇于尝试新形式的人。

这首诗首尾两联抒情言事，中间两联写景，经过情—景—情这一反复，诗的意思更深化了一层。这正符合律诗的一种基本章法。

第三节　泛读篇目

骆宾王《在狱咏蝉》

1. 作者简介

骆宾王（约638—684年），字观光，汉族，婺州义乌（今浙江义乌）人。一生做官很不得志，曾因事下狱，后遇赦。徐敬业起兵讨伐武则天时，骆宾王为其代作《为徐敬业讨武曌檄》。文章罗列了武后的罪状，写得极感人。当武后读到“一抔之土未干，六尺之孤安在”两句时，极为震动，责问宰相为何不早重用此人。徐敬业兵败后，骆宾王下落不明，有人说他被乱军所杀，有人说他做了和尚。

2. 原诗

在狱咏蝉　骆宾王

西陆蝉声唱，南冠客思侵。
那堪玄鬓影，来对白头吟。
露重飞难进，风多响易沉。
无人信高洁，谁为表予心。

3. 拼音

zài yú yǒng chán　luò bīn wáng

xī lù chán shēng chàng，nán guàn kè sī qīn。
nǎ kān xuán bìn yǐng，lái duì bái tóu yín。
lù zhòng fēi nán jìn，fēng duō xiǎng yì chén。
wú rén xìn gāo jié，shuí wèi biǎo yú xīn。

4. 注释

(1) 西陆：指秋天。

(2) 南冠：楚冠，这里是囚徒的意思。侵：一作“深”。

(3) 玄鬓：指蝉的黑色翅膀，这里比喻自己正当盛年。那堪：一作“不堪”。

(4) 白头吟：乐府曲名。两句意谓自己正当玄鬓之年，却来默诵《白头吟》那样哀怨的诗句。

(5) 露重：秋露浓重。飞难进：是说蝉难以高飞。

(6) 响：指蝉声。沉：沉没，掩盖。

(7) 高洁：清高洁白。古人认为蝉栖高饮露，是高洁之物。作者自喻。

(8) 予心：我的心。

5. 汉译

秋天蝉儿在哀婉地鸣叫，
作为囚徒的我，不由得阵阵悲伤。

不到四十岁我已满头白发，

哪还经得起那如妇人黑发般的蝉儿哀鸣的侵袭？

秋露浓重，蝉儿纵使展开双翼也难以高飞，

寒风瑟瑟，轻易地把它的鸣唱淹没。

无人相信蝉儿居高食洁，

又有谁能相信我的清白，代我表述内心的沉冤？

6. 英译

The Cicada Heard in Prison　by Luo Binwang

Of autumn the cicada sings;

In prison I'm worn out with care.

How can I bear its blue-black which remind me of my grey hair?

Heavy with dew, it cannot fly;

Drowned in the wind, its song's not heard.

Who would believe its spirit high?

Could I express my grief in word?

7. 赏析

唐高宗仪凤三年（678年），作者任侍御史，因议论时政，得罪武后，被诬陷有罪入狱。在狱中，闻秋日蝉鸣，有感而发。

这首五言律诗通过咏蝉，抒发了诗人品性高洁却无罪被诬的郁愤，充满了对人世不平的哀怨，也表达了希望自己雪洗冤屈的愿望。

首联写秋蝉的悲鸣引起了身为囚徒的作者阵阵乡思。颔联写秋蝉的形象引起了满头白发的作者感伤不已。颈联写秋蝉的境遇引起了作者对自己政治前途的绝望。尾联合写秋蝉和自己的表白无人相信的悲哀。

作者人品如秋蝉，处境如秋蝉，命运如秋蝉，所以看见秋蝉，想到自己，写下了这首不朽的咏蝉诗歌。

◎ **重要概念**

初唐诗　初唐四杰　意境　意象

本课练习题及答案

第三编　盛唐诗

盛唐：公元713—766，唐玄宗—唐代宗时期

第四单元　盛唐诗赏析（一）

内容提要

唐诗知识

盛唐诗派　盛唐气象

赏析篇目

1. 王昌龄《芙蓉楼送辛渐（二首其一）》
2. 王之涣《登鹳雀楼》
3. 王翰《凉州词》

泛读篇目

1. 张九龄《望月怀远》
2. 张若虚《春江花月夜》

第一节　唐诗知识

一、盛唐诗派

盛唐——中国古典诗歌的鼎盛时期。盛唐诗歌发展了各种体裁和形式，风格流派众多，达到全面繁荣。

前期，以王翰、王湾为代表的北方诗人，重视对雄豪阔大诗境的融造；以吴中四士张若虚、贺知章、张旭、包融为代表的吴越文人，致力于对清新俊秀诗美的追求；以及张九龄，以朴重雅淡的诗风开启新径。

后期，除李白、杜甫外，出现了以写山水田园闲适生活为主的山水田园诗人和以写边塞征戍生活为主的边塞诗人。

山水田园诗人，如孟浩然、王维、储光羲、常建等，语言清新洗练，意境深幽秀丽，但思想内容上带有逃避现实的消极因素。

边塞诗人，如高适、岑参、李颀、王昌龄等，把边塞的奇丽景色与建功立业的英雄壮志结合在一起，气势雄伟，情调悲壮，具有奇情异彩的艺术魅力。

李白是一位伟大的浪漫主义诗人，他热爱祖国，同情劳动人民，蔑视权贵，追求自由，表现出对封建社会一切压迫和羁束毫不调和的叛逆态度。诗作想象奇妙，热烈奔放，色彩缤纷，飘逸不群，成为屈原之后浪漫主义诗歌的新高峰。

杜甫作为现实主义的“诗圣”，关心人民疾苦，关心祖国命运，其诗作忧国忧民，沉郁顿挫，饱含爱国激情，具有高度的人民性。“李杜文章在，光焰万丈长”，他们的诗歌对以后诗歌的发展产生了巨大的影响。

盛唐时期，唐诗的体裁和形式基本成熟完备，古体诗、近体诗都有长足的发展，各体都有名家名篇留世，如李白的《古风》《将进酒》《蜀道难》《梦游天姥吟留别》等；杜甫的新乐府“三吏”“三别”更是享誉诗坛。律诗方面，王维、孟浩然的五律，李颀、王维、崔颢的七律，王维、裴迪的五绝，李白、王昌龄、王之涣等人的七绝，均是其中的佼佼者。特别是杜甫，对于近体诗的创作，在对仗、倒装、平仄等方面，做了大量创新尝试。

二、盛唐气象

盛唐气象是个广义的大概念，它包含开放向上的时代精神，活跃自由的思想氛围，雄才而多艺的君主以及多彩多姿的诗人等。

对唐诗而言，盛唐气象指的是盛唐时期诗歌的总体风貌，以雄浑——雄壮浑厚为主要特征。

盛唐诗人面对当时国势强大、经济文化繁荣的局面，总体上胸襟开阔，意气昂扬，希望建功立业，诗歌多抒发豪情壮志，继承发扬了汉魏古诗、乐府诗刚健明朗的优秀传统。

唐朝是中国诗歌史上的黄金时代，盛唐诗是唐诗史上的高峰，以雄壮浑厚为特征的盛唐诗，具有很高的美学价值。

第二节 赏析篇目

一、王昌龄《芙蓉楼送辛渐》（二首其一）

1. 作者简介

王昌龄（？—756年），字少伯，京兆万年（今陕西西安）人。

早年贫贱，困于农耕，年近不惑，始中进士。初任秘书省校书郎，又中博学宏辞，授汜水尉，因事贬岭南。与李白、高适、王维、王之涣、岑参等交厚。开元末返长安，改授江宁丞。被谤谪龙标尉。安史乱起，被杀。诗以七绝见长，与高适、岑参并称边塞诗人代表。

2. 原诗

芙蓉楼送辛渐（二首其一）　王昌龄

寒雨连江夜入吴，平明送客楚山孤。

洛阳亲友如相问，一片冰心在玉壶。

3. 拼音

fú róng lóu sòng xīn jiàn（èr shǒu qí yī）　wáng chāng líng

hán yǔ lián jiāng yè rù wú，píng míng sòng kè chǔ shān gū。

luò yáng qīn yǒu rú xiàng wèn，yī piàn bīng xīn zài yù hú。

4. 注释

（1）芙蓉楼：在润州（今江苏镇江）西北，登临可以俯瞰长江。辛渐：诗人的一位朋友。

（2）寒雨：秋冬时节的冷雨。连江：雨水与江面连成一片，形容雨很大。

（3）平明：天亮的时候。楚山：楚也指镇江市一带，因为古代吴、楚先后统治过这里，所以吴、楚可以通称。

（4）洛阳：现位于河南省西部、黄河南岸。

（5）冰心：比喻纯洁的心。玉壶：道教专指自然无为虚无之心。以“玉壶冰”比喻清白的操守。唐人有时也以此比喻为官廉洁。

5. 汉译

冷雨洒满江天的夜晚，我来到吴地，

天明送走好友后，只留下楚山的孤影。

到了洛阳，如果有亲友向您打听我的情况，就请转告他们，

我的心依然像玉壶里的冰一样纯洁，未受功名利禄的玷污。

6. 英译

Bidding Farewell to Xin Jian at Lotus Pavilion　By Wang Changling

Cold rains reigning the stream last eve, I got in Wu;
Seeing friends off this dawn, I saw forlorn Mount Chu.
In Luoyang should my folks and friends ask after me,
Tell them a heart's in jade pot, pure as it can be.

7. 赏析

这首诗写平明（天大亮时）送客，临别托意。起句写迷蒙的烟雨笼罩着吴地江天，织成了一张无边无际的愁网。夜雨增添了萧瑟秋意，也渲染出离别的黯淡气氛。

寒意透在两个离别友人的心头。诗人将听觉、视觉和想象概括成连江入吴的雨势，以大片淡墨染出满纸烟雨，营造出一片开阔意境。

因为友人回到洛阳，即可与亲友相聚，而留在吴地的诗人，却只能像这孤零零的楚山一样，立在江畔，空望着流水逝去。

后两句是临别叮咛的话语，诗人以晶莹透明的冰心玉壶自喻，从清澈澄明的玉壶中，捧出一颗纯洁的冰心，告慰友人，表达他对洛阳亲友的深情。

二、王之涣《登鹳雀楼》

1. 作者简介

王之涣（688—742 年），字季凌，汉族，晋阳（今山西太原）人。性格豪放，常击剑悲歌，其诗多被当时乐工制曲歌唱，名动一时。他常与高适、王昌龄等相唱和，以善于描写边塞风光著称。代表作有《登鹳雀楼》《凉州词》等。

2. 原诗

登鹳雀楼　王之涣

白日依山尽，黄河入海流。

欲穷千里目，更上一层楼。

3. 拼音

dēng guàn què lóu　wáng zhī huàn

bái rì yī shān jìn，huáng hé rù hǎi liú。

yù qióng qiān lǐ mù，gèng shàng yì céng lóu。

4. 注释

（1）鹳雀楼：古楼名，在永济市境内。

（2）白日：太阳。依：依傍。尽：消失。这句话是说太阳依傍山峦沉落。

（3）欲：想要。穷：尽，使达到极点。千里目：眼界宽阔。

（4）更：再。

5. 汉译

太阳依傍山峦渐渐下落，

黄河向着大海滔滔东流。

如果要想遍览千里风景，

那就请再登上一层高楼。

6. 英译

On the Heron tower　by Wang Zhihuan

The sun beyond the mountains glows,

The Yellow River sea wards flows.

You can enjoy a grander sight,

By climbing to a greater height.

7. 赏析

此诗前两句写的是自然景色，笔力雄健；后两句写意，出人意料，把哲理与景物、情感融合得天衣无缝，成为一首不朽的绝唱。

诗人从大自然悟出朴素而深刻的哲理，登高放眼，不断拓出美好的新境界。

此诗虽然只有二十字，却以千钧笔力，绘下北国河山的壮丽景象，气势磅礴、意境深远，千百年来一直激励着中华民族昂扬向上。特别是后二句，常常被引用，借以表达积极探索和无限进取的人生态度。时至今日，此诗还多次出现在中国国家重大政治和外交场合。

清代诗评家认为："王诗短短二十字，前十字大意已尽，后十字有尺幅千里之势。"

这首诗是唐代五言诗的压卷之作，王之涣因这首五言绝句而名垂千古，鹳雀楼也因此诗而名扬中华。

三、王翰《凉州词》

1. 作者简介

王翰（687—726 年），字子羽，并州晋阳（今山西太原）人，唐代边塞诗人。与王昌龄同时期，有才气可是其集不传。《全唐诗》存诗仅 14 首。

2. 原诗

凉州词　王翰

葡萄美酒夜光杯，欲饮琵琶马上催。

醉卧沙场君莫笑，古来征战几人回。

3. 拼音

liáng zhōu cí　wáng hàn

pú táo měi jiǔ yè guāng bēi，yù yǐn pí pá mǎ shàng cuī。

zuì wò shā chǎng jūn mò xiào，gǔ lái zhēng zhàn jǐ rén huí。

4. 注释

（1）凉州词：唐乐府名，盛唐时流行的一种曲调名。

（2）夜光杯：用白玉制成的酒杯，光可照明，这里指华贵而精美的酒杯。

（3）欲：将要。

（4）沙场：平坦空旷的沙地，古时多指战场。君：你。

（5）征战：打仗。

5. 汉译

酒筵上，葡萄美酒盛满在精美的夜光杯之中，
急促欢快的琵琶声助兴催饮，
想到即将奔赴沙场杀敌报国，战士们个个豪情满怀。
今日要一醉方休，即使醉倒在战场上又何妨？
出征为国，本来就没有准备活着回来。

6. 英译

Starting for the Front　by Wang Han

From cups of jade that glow with wine of grapes at night,
Drinking to pipa songs, we are summoned to fight.
Don't laugh if we lie drunk upon the battleground!
How many warrior sever came back safe and sound?

7. 赏析

这首《凉州词》被明代王世贞推为唐代七绝的压卷之作。诗渲染了出征前盛大的酒筵上战士痛快豪饮的场面，表现了他们不惧战死的旷达、豪放之情。

第一句，如突然间拉开帷幕，在人们的眼前展现出五光十色、琳琅满目、酒香四溢的盛大筵席，这景象使人惊喜、兴奋，为全诗的抒情创造了气氛，定下了基调。

第二句，渲染出美酒盛宴的诱人魅力，表现出将士们豪爽开朗的性格。正在大家“欲饮”未得之时，乐队奏起了琵琶，酒宴开始了，那急促欢快的旋律，像在催促将士们举杯痛饮，使已经热烈的气氛顿时沸腾起来。

诗的三、四句是写筵席上的畅饮和劝酒。虽有几分“谐谑”，却也为尽情喝酒找到最好的“理由”。“醉卧沙场”，表现出战士视死如归的勇气。

明快的语言、跳动的节奏，反映出来的情绪是奔放的、狂热的；展现出一种激动和令人向往的艺术魅力，这正是盛唐边塞诗的特色。

有人认为全诗抒发的是反战的哀怨，透过这种貌似豪放旷达的胸怀，更加看清了军人们心灵深处的忧伤与幻灭。

第三节　泛读篇目

一、张九龄《望月怀远》

1. 作者简介

张九龄（678—740年）字子寿。汉族，韶州曲江（今广东韶关）人，世称“张曲江”或“文献公”。唐朝开元年间名相，是一位有胆识、有远见的著名政治家、文学家、诗人。他举止优雅，风度不凡，为后世人所崇敬、仰慕。自张九龄去世后，唐玄宗对宰相推荐之士，总要问“风度得如九龄否?”

他的五言古诗，诗风清淡，以素练质朴的语言，寄托深远的人生慨望，对扫除唐初所沿袭的六朝绮靡诗风，贡献尤大。作品有《曲江集》。

2. 原诗

望月怀远　张九龄

海上生明月，天涯共此时。
情人怨遥夜，竟夕起相思。
灭烛怜光满，披衣觉露滋。
不堪盈手赠，还寝梦佳期。

3. 拼音

wàng yuè huái yuǎn　zhāng jiǔ líng
hǎi shàng shēng míng yuè，tiān yá gòng cǐ shí。
qíng rén yuàn yáo yè，jìng xī qǐ xiāng sī。
miè zhú lián guāng mǎn，pī yī jué lù zī。
bù kān yíng shǒu zèng，huán qǐn mèng jiā qī。

4. 注释

(1) 怀远：怀念远方的亲人。

(2)“海上”二句：辽阔无边的大海上升起一轮明月，使人想起了远在天涯海角的亲友，此时此刻也该是望着同一轮明月。

（3）情人：多情的人，指作者自己。一说指亲人。遥夜：长夜。怨遥夜，因离别而幽怨失眠，以至抱怨夜长。

（4）竟夕：终夜，通宵，即一整夜。

（5）怜：爱。怜光满，爱惜满屋的月光。

（6）滋：湿润。

（7）“不堪”二句：月华虽好但是不能相赠，不如回入梦乡觅取佳期。盈手：双手捧满之意。盈，满，充盈的状态。

5. 汉译

海上面升起了一轮明月，
你我天各一方共赏月亮。
有情人怨恨漫漫的长夜，
彻夜不眠将你苦苦思念。
灭烛灯月光满屋令人爱，
披衣起露水沾挂湿衣衫。
不能手捧美丽银光赠你，
不如快入梦与你共欢聚。

6. 英译

Looking at the Moon and Longing for One Far Away　by Zhang Jiuling

Over the sea grows the moon bright;
We gaze on it far, far apart.
Lovers complain of long, long night;
They rise and long for the dear heart.
Candle blown out, fuller is light;
My coat put on, I'm moist with dew.
As I can't hand you moonbeams white,
I go to bed to dream of you.

7. 赏析

唐玄宗开元二十一年（733年），张九龄在朝中任宰相。遭奸相李林甫诽谤排挤后，于开元二十四年（736年）被罢相贬官。《望月怀远》这首诗应写于被贬官后。

此诗是望月怀思的名篇。

首联写景点题。“海上生明月”，看起来平淡无奇，没有奇特的字眼，脱口而出，却自然具有一种高华的气象，意境雄浑阔大。“天涯共此时”，由景入情，转入“怀远”，直抒对远方亲人的思念之情。

颔联和颈联，具体描绘了彻夜难眠的情境，巧妙地写出了深夜对月不眠的实情实景。以怨字为中心，以“情人”与“相思”呼应，以“遥夜”与“竟夕”呼应，一气呵成，自然流畅。

尾联写相思不眠之际，没有什么可以相赠，只有满手的月光。诗人说，“这月光饱含我满腔的心意，可是又怎么赠送给你呢？还是睡吧！睡了也许能在梦中与你欢聚。”

诗至此戛然而止，只觉余韵袅袅，令人回味不已。

全诗语言自然，情意缠绵，不见感伤；构思巧妙，情景交融，感人至深。

二、张若虚《春江花月夜》

1. 作者简介

张若虚，生卒年不详。主要活动在公元7世纪中期至公元8世纪前期，字、号不详。扬州人。曾任兖州兵曹，与贺知章、张旭、包融并称“吴中四士”。

他的诗在《全唐诗》中仅存2首，其一为《春江花月夜》，乃千古绝唱，是一篇脍炙人口的名作，有“孤篇压全唐”之誉。闻一多评价《春江花月夜》是“诗中的诗，顶峰中的顶峰”。

2. 原诗

春江花月夜　张若虚

春江潮水连海平，海上明月共潮生。
滟滟随波千万里，何处春江无月明！
江流宛转绕芳甸，月照花林皆似霰；
空里流霜不觉飞，汀上白沙看不见。
江天一色无纤尘，皎皎空中孤月轮。
江畔何人初见月？江月何年初照人？

人生代代无穷已，江月年年只相似。
不知江月待何人，但见长江送流水。
白云一片去悠悠，青枫浦上不胜愁。
谁家今夜扁舟子？何处相思明月楼？
可怜楼上月徘徊，应照离人妆镜台。
玉户帘中卷不去，捣衣砧上拂还来。
此时相望不相闻，愿逐月华流照君。
鸿雁长飞光不度，鱼龙潜跃水成文。
昨夜闲潭梦落花，可怜春半不还家。
江水流春去欲尽，江潭落月复西斜。
斜月沉沉藏海雾，碣石潇湘无限路。
不知乘月几人归，落月摇情满江树。

3. 拼音

chūn jiāng huā yuè yè　zhāng ruò xū

chūn jiāng cháo shuǐ lián hǎi píng，hǎi shàng míng yuè gòng cháo shēng。
yàn yàn suí bō qiān wàn lǐ，hé chù chūn jiāng wú yuè míng！
jiāng liú wǎn zhuǎn rào fāng diàn，yuè zhào huā lín jiē sì xiàn；
kōng lǐ liú shuāng bù jué fēi，tīng shàng bái shā kàn bú jiàn。
jiāng tiān yī sè wú xiān chén，jiǎo jiǎo kōng zhōng gū yuè lún。
jiāng pàn hé rén chū jiàn yuè？jiāng yuè hé nián chū zhào rén？
rén shēng dài dài wú qióng yǐ，jiāng yuè nián nián zhǐ xiàng sì。
bù zhī jiāng yuè dài hé rén，dàn jiàn cháng jiāng sòng liú shuǐ。
bái yún yí piàn qù yōu yōu，qīng fēng pǔ shàng bú shèng chóu。
shuí jiā jīn yè biǎn zhōu zǐ？hé chù xiāng sī míng yuè lóu？
kě lián lóu shàng yuè pái huái，yīng zhào lí rén zhuāng jìng tái。
yù hù lián zhōng juǎn bú qù，dǎo yī zhēn shàng fú hái lái。
cǐ shí xiāng wàng bù xiāng wén，yuàn zhú yuè huá liú zhào jūn。
hóng yàn zháng fēi guāng bú dù，yú lóng qián yuè shuǐ chéng wén。
zuó yè xián tán mèng luò huā，kě lián chūn bàn bù huáng jiā。
jiāng shuǐ liú chūn qù yù jìn，jiāng tán luò yuè fù xī xiá。

xié yuè chén chén cáng hǎi wù，jié shí xiāo xiāng wú xiàn lù。

bù zhī chéng yuè jǐ rén guī，luò yuè yáo qíng mǎn jiāng shù。

4. 注释

（1）滟（yàn）滟：波光荡漾的样子。

（2）芳甸（diàn）：开满花草的郊野。甸，郊外之地。

（3）霰（xiàn）：天空中降落的白色不透明的小冰粒。此处形容月光下春花晶莹洁白。

（4）流霜：飞霜。古人以为霜和雪一样，是从空中落下来的，所以叫流霜。此处比喻月光皎洁，月色朦胧、流荡，所以不觉得有霜霰飞扬。

（5）汀（tīng）：水边平地，小洲。

（6）纤尘：微细的灰尘。

（7）月轮：指月亮，因为月圆时像车轮，所以称为月轮。

（8）穷已：穷尽。

（9）只：一作“望”。

（10）但见：只见、仅见。

（11）悠悠：渺茫、深远。

（12）青枫浦：地名，这里泛指游子所在的地方。

（13）扁舟子：飘荡江湖的游子。扁舟，小舟。

（14）明月楼：月夜下的闺楼。这里指闺中思妇。

（15）月徘徊：指月光偏照闺楼，徘徊不去，令人不胜其相思之苦。

（16）离人：此处指思妇。妆镜台：梳妆台。

（17）玉户：形容楼阁华丽，以玉石镶嵌。

（18）捣衣砧（zhēn）：捣衣石，捶布石。

（19）相闻：互通音信。

（20）逐：追随。月华：月光。

（21）文：同“纹”。

（22）闲潭：幽静的水潭。

（23）碣（jié）石潇湘：碣石，山名，在渤海边上。潇湘，湘江与潇水，在今湖南。这里两个地名一南一北，暗指路途遥远，相聚无望。无限路：极言离人相距之远。

（24）乘月：趁着月光。

（25）摇情：激荡情思，犹言牵情。

5. 汉译

春天的江潮水势浩荡，与大海连成一片，
一轮明月从海上升起，好像与潮水一起涌出来。
月光照耀着春江，随着波浪闪耀千万里，
所有地方的春江都有明亮的月光。
江水曲曲折折地绕着花草丛生的原野流淌，
月光照射着开遍鲜花的树林好像细密的雪珠在闪烁。
月色如霜，所以霜飞无从觉察。
洲上的白沙和月色融合在一起，看不分明。
江水、天空成一色，没有一点微小灰尘，
明亮的天空中只有一轮孤月高悬。
江边上什么人最初看见月亮，
江上的月亮哪一年最初照耀着人？
人生一代代地无穷无尽，
只有江上的月亮一年年地总是相像。
不知江上的月亮等待着什么人，
只见长江不断地一直运输着流水。
游子像一片白云缓缓地离去，
只剩下思妇站在离别的青枫浦不胜忧愁。
哪家的游子今晚坐着小船在漂流？
什么地方有人在明月照耀的楼上相思？
可怜楼上不停移动的月光，
应该照耀着离人的梳妆台。
月光照进思妇的门帘，卷不走，
照在她的捣衣砧上，拂不掉。
这时互相望着月亮可是互相听不到声音，
我希望随着月光流去照耀着您。
鸿雁不停地飞翔，而不能飞出无边的月光；

月照江面，鱼龙在水中跳跃，激起阵阵波纹。
昨天夜里梦见花落闲潭，
可惜的是春天过了一半自己还不能回家。
江水带着春光将要流尽，
水潭上的月亮又要西落。
斜月慢慢下沉，藏在海雾里，
碣石与潇湘的离人距离无限遥远。
不知有几人能趁着月光回家，
唯有那西落的月亮摇荡着离情，洒满了江边的树林。

6. 英译

A Moonlit Night on the Spring River　by Zhang Ruoxu

In spring the river rises as high as the sea,
And with the river's rise the moon up rises bright.
She follows the rolling waves for ten thousand li,
And where the river flows, there overflows her light.
The river winds around the fragrant islet where
The blooming flowers in her light all look like snow.
You cannot tell her beams from hoar frost in the air,
Nor from white sand upon Farewell Beach below.
No dust has stained the water blending with the skies;
A lonely wheel like moon shines brilliant far and wide.
Who by the riverside first saw the moon arise?
When did the moon first see a man by riverside?
Ah, generations have come and pasted away;
From year to year the moons look alike, old and new.
We do not know tonight for whom she sheds her ray,
But hear the river say to its water adieu.
Away, away is sailing a single cloud white;
On Farewell Beach pine away maples green.
Where is the wanderer sailing his boat tonight?

Who, pining away, on the moonlit rails would learn?
Alas! The moon is lingering over the tower;
It should have seen the dressing table of the fair.
She rolls the curtain up and light comes in her bower;
She washes but can't wash away the moonbeams there.
She sees the moon, but her beloved is out of sight;
She'd follow it to shine on her beloved one's face.
But message-bearing swans can't fly out of moonlight,
Nor can letter-sending fish leap out of their place.
Last night he dreamed that falling flowers would not stay.
Alas! He can't go home, although half spring has gone.
The running water bearing spring will pass away;
The moon declining over the pool will sink anon.
The moon declining sinks into a heavy mist;
It's a long way between southern rivers and eastern seas.
How many can go home by moonlight who are missed?
The sinking moon sheds yearning o'er riverside trees.

7. 赏析

《春江花月夜》是中国古代诗歌史上的一个重要里程碑，具有极高的审美价值。

整首诗由景、情、理依次展开，第一部分写春江的美景，第二部分写对江月产生的感慨，第三部分写了思妇游子的离愁别绪。

全诗以春、江、花、月、夜五种意象（具体可感的客观物象）集中体现了人生最动人的良辰美景，构成了奇妙的艺术境界。

春、江、花、月、夜中，以月为主体。“月”是诗中情景兼融之物，它跳动着诗人的脉搏，在全诗中如一条生命纽带，通贯上下，诗情随着月轮的升落而起伏曲折。

月在一夜之间经历了升起—高悬—西斜—落下的过程。在月的照耀下，江水、沙滩、天空、原野、枫树、花林、飞霜、白沙、扁舟、高楼、镜台、砧石、长飞的鸿雁、潜跃的鱼龙、不眠的思妇以及漂泊的游子，组成了完整的诗歌形象，展现出一幅充满人生哲理与生活情趣的画卷。

这幅画卷在色调上，以淡寓浓，如一幅淡雅的中国水墨画，体现出春江花月夜清幽的意境美。

《春江花月夜》的章法结构，整齐为主，又富于变化。诗的韵律节奏也很有特色。

诗人的感情旋律极其悲慨激荡，但既不哀，也不急，而是像小提琴奏出的小夜曲一样，含蕴隽永。诗的内在感情热烈、深沉，表面却自然、平和，如脉搏跳动，有规律有节奏，诗的韵律也随之扬抑回旋。

全诗共三十六句，四句一换韵，共换九韵。高低音相间，依次为洪亮—细微—柔和—洪亮—细微。全诗随着韵脚的变化，平仄的交错运用，一唱三叹，前呼后应，既回环反复，又层出不穷，音乐节奏感强烈而优美。

在句式上，大量使用排比句、对偶句和流水对，起承转合皆妙，文章气韵无穷。

◎ 重要概念

盛唐气象　山水田园　边塞诗派

本课练习题及答案

第五单元　盛唐诗赏析（二）

内容提要

唐诗知识

山水田园诗派　赋、比、兴

赏析篇目

1. 王维《竹里馆》
2. 王维《鹿柴》
3. 王维《山居秋暝》
4. 孟浩然《春晓》

泛读篇目

1. 王维《渭城曲》
2. 王维《九月九日忆山东兄弟》
3. 孟浩然《宿建德江》
4. 孟浩然《过故人庄》

第一节　唐诗知识

一、山水田园诗派

唐代诗歌流派中的山水田园诗派，以反映田园生活、描绘山水景物为主要内容，继承和发展了陶渊明的田园诗和谢灵运、谢朓等的山水诗，代表人物有盛唐的王维、孟浩然、储光羲、常建等，以及中唐的韦应物、柳宗元等。他们的作品较多地反映了闲适淡泊的思想情绪，色彩雅淡，意境幽深，多采用五言古体和五言律绝的形式。

在发掘自然美方面，山水田园派诗人既能概括地描写雄奇壮阔的景物，又能细致入微地刻画自然事物的动态；在自然景物的观察上别有会心，能够巧妙地捕捉适于表现其生活情趣的种种形象，构成独特的意境，把六朝以后的山水诗向前推进了一步。

盛唐山水田园诗派以王维成就为高，他是诗人，又是画家，能以画理通之于诗，诗中有画，画中有诗，于李杜之外，别立一宗，对后世影响很大。

1. 山水田园诗派产生的时代背景

（1）盛唐时期社会安定，国力强大，政治、经济、文化全面繁荣。

（2）文人士大夫的物质生活优裕，为漫游行旅、赏玩山水提供了条件。

（3）社会上佛道思想流行，道家崇尚自然及返璞归真的追求和佛家禅宗的净心明性的境界，为诗歌提供了文化及审美心理的基础。

（4）文人的隐逸情怀也与山水田园诗的形成有紧密的关系，但此时并非为隐而隐，而是酿成了一种向往自然、追求超然独立的文化心态和崇尚自然的审美趣味。

（5）此外，晋宋以来的田园诗、山水诗的创作，也为山水田园诗提供了艺术上的借鉴。

2. 山水田园诗派的风格特点

（1）清新，韵致高远，格局阔大，气象万千，感情丰富。

（2）山水田园诗派以山水等自然景观为主要描写对象，歌咏田园生活，大多以农村的景物和农民、牧人、渔父等的劳动为题材。

（3）诗人们以自然山水或农村自然景物、田园生活为吟咏对象，把细腻的笔触投向静谧的山林、悠闲的田野，创造出一种田园牧歌式的生活，借以表达对现实的不满，对宁静平和生活的向往。

（4）山水田园诗属于写景诗的范畴，其主要特点就是“一切景语皆情语”，即作者笔下的山水自然景物都融入了作者的主观情愫，或者借景抒情，或者情景交融。

二、赋、比、兴

赋、比、兴，是三种不同的诗歌表现手法，源自中国古代最早的诗歌总集《诗经》。

赋，就是写实，平铺直叙，直言其事。

比，就是比喻，比拟。

兴，就是开头先写别的事物，引起下文。

第二节 赏析篇目

一、王维《竹里馆》

1. 作者简介

王维（701—761 年），字摩诘，祖籍太原祁（今山西祁县），徙家于蒲州（今属山西永济）。开元九年（721 年）中进士第，为太乐丞。曾一度被贬官。张九龄为相时，被任命为右拾遗。“安史之乱”爆发，王维被俘，授伪官。其弟王缙平乱有功，受到特别宽恕。后连连升迁，官至尚书右丞。晚年过着亦官亦隐的生活。作品有《王右丞集》。王维工于诗、画，兼通音乐，其诗画作品被誉为“诗中有画，画中有诗”。

2. 原诗

竹里馆　王维

独坐幽篁里，弹琴复长啸。
深林人不知，明月来相照。

3. 拼音

zhú lǐ guǎn　wáng wéi

dú zuò yōu huáng lǐ ，tán qín fù cháng xiào 。
shēn lín rén bù zhī ，míng yuè lái xiāng zhào 。

4. 注释

（1）竹里馆：辋川别墅胜景之一，房屋周围有竹林。

（2）幽篁（huáng）：幽深的竹林。

（3）长啸（xiào）：嘬口发出长而清脆的声音，类似于吹口哨。这里指吟咏、歌唱。魏晋名士称吹口哨为啸。

（4）深林：指“幽篁”。

（5）相照：与“独坐”相应，意思是说，左右无人相伴，只有明月似解人意，偏来相照。

5．汉译

我独自坐在幽深的竹林，
一边弹琴一边高歌长啸。
没人知道我在竹林深处，
只有明月相伴静静照耀。

6．英译

A Cottage amid Bamboos　by Wang Wei

Sitting alone
In the depth of the bamboos,
I play the zither
And let out some long whistles;
Nobody else appears at this spot,
Only the bright moon drops in on me.

7．赏析

这首诗是王维晚年隐居蓝田辋川时创作的一首五言绝句。

整首诗描绘了诗人月下独坐、弹琴长啸的悠闲生活。用词造句，简朴清丽，传达出诗人宁静、淡泊的心情，表现了清幽宁静、高雅绝俗的境界。

这首诗写景（幽篁、深林、明月），写人（独坐、弹琴、长啸）都极平淡无奇，然而它的妙处就在于以自然平淡的笔调，描绘出清新的月夜幽林特殊的美，使其成为千古佳作。

诗人用拟人化的手法，把一轮明月当成心心相印的知己朋友，显示出独到的想象力。

诗的意境的形成，在于人物心性和景物的内在特点相一致。这首小诗，我与物会、情与景合，以声响托出静境，音响与寂静以及光影明暗的衬映，写来妙手天成，又匠心独运。

全诗短短二十个字，但有景有情、有声有色、有静有动、有实有虚，对立统一，相映成趣，是诗人生活态度以及诗歌特点的绝佳表述。

二、王维《鹿柴》

1. 原诗

鹿柴　王维

空山不见人，但闻人语响。
返景入深林，复照青苔上。

2. 拼音

lù zhài　wáng wéi
kōng shān bú jiàn rén ，dàn wén rén yǔ xiǎng 。
fǎn jǐng rù shēn lín ，fù zhào qīng tái shàng 。

3. 注释

(1) 鹿柴（zhài）：“柴”同“寨”，栅栏。此为地名。
(2) 但：只。闻：听见。
(3) 返景：夕阳返照的光。“景”古时同“影”。
(4) 照：照耀（着）。

4. 汉译

幽静的山谷里不见人，
只能听到说话的声音。
落日的余晖映入深林，
又照在青苔上，景色宜人。

5. 英译

The Deer Enclosure　by Wang Wei

On the lonely hills I meet no one,
I hear only the echo of human voices;
The sun comes in through the woods,
And reaches the green moss with its light.

6. 赏析

这是一首由光、影与声响组成的诗。

首句正面写空山的杳无人迹，侧重于表现山的空寂清冷。第二句以局部的、暂时的“响”，反衬出全局的、长久的空寂，鸟鸣山更幽，境界顿出。第三、第四句由描写空山传语，进而描写深林返照，由声而色。

这首诗创造了一种幽深而光明的象征性境界。一座人迹罕至的空山，一片古木参天的树林，一个空寂幽深的境界。青苔上的日影，深有禅意，表现诗人在深幽的修禅过程中豁然开朗，把自己的顿悟，渗透于自然景色的描绘之中。

王维是诗人、画家兼音乐家。这首诗正体现出诗、画、乐的结合。他以音乐家对声的感悟，画家对光的把握，诗人对语言的提炼，刻画了空谷人语、斜辉返照那一瞬间特有的寂静清幽，耐人寻味。

三、王维《山居秋暝》

1. 原诗

山居秋暝　王维

空山新雨后，天气晚来秋。
明月松间照，清泉石上流。
竹喧归浣女，莲动下渔舟。
随意春芳歇，王孙自可留。

2. 拼音

shān jū qiū míng　wáng wéi

kōng shān xīn yǔ hòu，tiān qì wǎn lái qiū。
míng yuè sōng jiān zhào，qīng quán shí shàng liú。
zhú xuān guī huàn nǚ，lián dòng xià yú zhōu。
suí yì chūn fāng xiē，wáng sūn zì kě liú。

3. 注释

（1）暝（míng）：日落，天色将晚。

（2）空山：空旷、空寂的山野。新：刚刚。

（3）清泉石上流：写的正是雨后的景色。

（4）竹喧：竹林中笑语喧哗。喧，喧哗，这里指竹叶发出沙沙声响。浣（huàn）女：洗衣服的姑娘。浣，洗涤衣物。

（5）随意：任凭。春芳：春天的花草。歇：消散，消失。

（6）王孙：原指贵族子弟，后来也泛指隐居的人。留：居。此句反用淮南小山《招隐士》："王孙兮归来，山中兮不可以久留"的意思，王孙实亦自指。反映出无可无不可的襟怀。

4. 汉译

空旷的群山下了一场新雨，
夜晚降临，已是初秋。
明月从松间洒下清光，
泉水在山石上淙淙淌流。
竹林喧响，知是洗衣姑娘归来，
莲叶轻摇，想是上游荡下轻舟。
春日的芳菲，不妨任随它消歇，
秋天的山中，王孙自可以久留。

5. 英译

An Autumn Night in the Mountain　by Wang Wei

Empty is the mountain shortly after the rain,
Cool is the night late in the autumn.
Through the green pines the bright moon shines,
Over the smooth stones the clear spring flows.
The bamboo trees stir when washer maids return,
The lotus leaves sway as boats drift away.
Although the fragrance of spring does not remain,
Autumn is beautiful enough to make people stay.

6. 赏析

这首诗写初秋时山居看到的雨后黄昏的景色。

首联，"空山"指世外桃源，山雨初霁，万物一新，初秋的傍晚，空气清新，景色美妙。

颔联，随意洒脱，写景如画，动人又自然。

颈联，先“竹喧”“莲动”，后见浣女、莲舟，更富有诗意。这样写，有技巧，不露痕迹。

这两联同是写景，而各有侧重。颔联侧重写物，以物芳而明志洁；颈联侧重写人，以人和而望政通。同时，二者又互为补充，泉水、青松、翠竹、青莲，可以说都是诗人高尚情操的写照，都是诗人理想境界的环境烘托。

尾联，觉得“山中”比“朝中”好，洁净纯朴，可远离官场洁身自好，所以就归隐了。

全诗将空山雨后的秋凉，松间明月的光照，石上清泉的声音，以及浣女归来竹林中的喧笑声，渔船穿过荷花的动态，和谐完美地融合在一起。诗情画意中，寄托着高洁的情怀和对理想境界的追求。

表面看来，这首诗只是用“赋”的方法，写山写水，对景物做细致感人的刻画；实际上，通篇都是“比”“兴”，诗人通过对山水的描绘，寄托自己的志向，含蕴丰富，耐人寻味。

四、孟浩然《春晓》

1. 作者简介

孟浩然（689—740 年），名浩，字浩然，号孟山人，襄州襄阳（今湖北襄阳）人，世称“孟襄阳”。孟浩然生当盛唐，早年有志用世，但仕途困顿，痛苦失望后，修道归隐终身。曾隐居鹿门山。据说他曾偶遇唐玄宗，玄宗知道他的诗名，命他朗诵诗作。他诵读了《岁暮归南山》，其中有“不才明主弃”（我缺乏才能，所以圣明的君主不用我）一句，玄宗听了大不高兴，说：“是你不求当官，不是我不让你当官，你怎么能怪我！”从此仕途困顿。

孟浩然的诗，在艺术上有独特造诣，以清淡自然为主。大部分是五言，多写山水田园和隐居、羁旅心情。其中有愤世嫉俗之词，而更多是诗人的自我表现。

孟浩然是盛唐山水田园诗派重要诗人，与王维并称“王孟”。作品有《孟浩然集》三卷。

2. 原诗

春晓　孟浩然

春眠不觉晓，处处闻啼鸟。
夜来风雨声，花落知多少。

3. 拼音

chūn xiǎo　mèng hào rán

chūn mián bù jué xiǎo，chù chù wén tí niǎo。

yè lái fēng yǔ shēng，huā luò zhī duō shǎo。

4. 注释

(1) 不觉晓：不知不觉天就亮了。晓，早晨，天明，天刚亮的时候。

(2) 闻：听见。啼鸟：鸟啼，鸟的啼叫声。

(3)“夜来”句：一作“欲知昨夜风”。

(4)“花落”句：一作“花落无多少”。知多少：不知有多少。知，不知，表示推想。

5. 汉译

春天睡醒不觉天已大亮，
到处是鸟儿清脆的叫声。
回想昨夜的阵阵风雨声，
吹落了多少芳香的春花。

6. 英译

A Spring Morning　by Meng Haoran

This morning of spring in bed I'm lying.
Not woke up till I hear birds crying.
After a night of wind and showers,
How many are the fallen flowers?

7. 赏析

这首诗是孟浩然隐居鹿门山时所作。

诗人抓住春天的早晨初醒时的一瞬间，展开联想，描绘了一幅美好的春晨图景，以天然不觉其巧的语言，写出微妙的惜春之情。

首句破题，写春睡的香甜，也流露着对朝阳明媚的喜爱。

次句写景，写悦耳的春声，也交代了醒来的原因。

三句转为写回忆，末句又回到眼前，由喜春翻为惜春。

这首小诗，初读似觉平淡无奇，反复读之，便觉诗中别有天地。整首诗的风格，就像行云流水一样，平易自然，然而悠远深厚，富于韵味。

第三节　泛读篇目

一、王维《渭城曲》

1. 原诗

渭城曲　王维

渭城朝雨浥轻尘，客舍青青柳色新。
劝君更尽一杯酒，西出阳关无故人。

2. 拼音

wèi chéng qǔ　wáng wéi

wèi chéng zhāo yǔ yì qīng chén ，kè shě qīng qīng liǔ sè xīn 。
quàn jūn gèng jìn yì bēi jiǔ ，xī chū yáng guān wú gù rén 。

3. 注释

（1）渭城曲：另题作《送元二使安西》，或名《阳关曲》或《阳关三叠》。

（2）渭城：在今陕西省西安市西北，即秦代咸阳古城。浥（yì）：润湿。

（3）客舍：旅馆。柳色：柳树象征离别。

（4）阳关：在今甘肃省敦煌西南，为自古赴西北边疆的要道。

4. 汉译

渭城早晨，一场春雨沾湿了轻尘，
客舍周围青青的柳树格外清新。
老朋友，请你再干一杯饯别酒吧，
出了阳关西路再也没有老朋友。

5. 英译

A Farewell Song in the Town of Wei　by Wang Wei

A morning drizzle wets the dust o'er Wei;
Around the inns blue are willows fresh and green.

My friend, please drink another cup of wine;

West of Sun Pass, no more friends to be seen.

6. 赏析

《渭城曲》又名《送元二使安西》《阳关三叠》，是唐代送别诗中的名篇。

一个春天的清晨，王维送别好友元二出使安西。淅沥的雨声，似乎在诉说，在叹息；依依的垂柳仿佛在挽留，在叮咛：朋友，保重！

首二句点明送别的时令、地点、景物；三、四句写惜别。前两句为送别创造一个愁郁的环境气氛，后两句再写频频劝酒，依依离情。全诗哀而不伤，具有素朴、简约、优雅的古典美。

二、王维《九月九日忆山东兄弟》

1. 原诗

九月九日忆山东兄弟　王维

独在异乡为异客，每逢佳节倍思亲。

遥知兄弟登高处，遍插茱萸少一人。

2. 拼音

jiǔ yuè jiǔ rì yì shān dōng xiōng dì　wáng wéi

dú zài yì xiāng wéi yì kè，měi féng jiā jié bèi sī qīn。

yáo zhī xiōng dì dēng gāo chù，biàn chā zhū yú shǎo yì rén。

3. 注释

(1) 九月九日：即重阳节。古以九为阳数，故曰重阳。忆：想念。山东：华山以东。

(2) 异乡：他乡、外乡。为异客：做他乡的客人。

(3) 佳节：美好的节日。

(4) 登高：古有重阳节登高的风俗。

(5) 茱萸 (zhūyú)：一种香草，即草决明。古时人们认为重阳节插戴茱萸可以消灾避邪。

4. 汉译

当我独自在异乡，在陌生人中流浪，

每逢佳节，我总是越发想念亲人。

今天，我故乡的兄弟，正插戴着茱萸在山间畅游，

我却独自在异乡，在陌生人中流浪。

5. 英译

Thinking of my Brothers on Mountain Climbing Day　by Wang Wei

Alone, a lonely stranger in a foreign land,

I doubly pine for kinsfolk on a holiday.

I know my brothers would,

with dogwood spray in hand,

Climb up mountain and miss me so far away.

6. 赏析

这首诗写游子的思乡怀亲之情。

开头便紧扣题目，写异乡生活孤独凄然，时时怀乡思人，遇到佳节良辰，思念之情倍增。

接着一跃而写远在家乡的兄弟，按照重阳节的风俗而登高时，也在怀念自己。

诗意反复跳跃，含蓄深沉，既朴素自然，又曲折有致。其中“每逢佳节倍思亲”更是千古名句。

董伯韬在《悠远唐音》中赏析：

“王维的《九月九日忆山东兄弟》，总是令我想起英国浪漫主义诗人华兹华斯的名句：‘当我来到海外/在陌生人中旅行/英格兰，我才知道/我赋予你的是何等的爱。’

也许离别恰是反向的归返，时空的距离，让我们有了审视与回味的空间，我们因而发现了平日里忽略了的温馨与爱。

相传这首《九月九日忆山东兄弟》是诗人十七岁时写的。当时，他刚刚离开家乡，年轻的心初解乡愁。‘每逢佳节倍思亲’，这淡雅、隽永的诗句，千百年来，不知触动了多少游子的心。”

三、孟浩然《宿建德江》

1. 原诗

宿建德江　孟浩然

移舟泊烟渚，日暮客愁新。

野旷天低树，江清月近人。

2. 拼音

sù jiàn dé jiāng　mèng hào rán

yí zhōu bó yān zhǔ，rì mù kè chóu xīn。

yě kuàng tiān dī shù，jiāng qīng yuè jìn rén。

3. 注释

(1) 建德江：指新安江流经建德（今属浙江）西部的一段江水。

(2) 移舟：划动小船。泊：停船靠岸。烟渚：指江中雾气笼罩的小沙洲。渚，水中小块陆地。

(3) 客：指作者自己。愁：为思乡而忧思不堪。

(4) 野：原野。旷：空阔远大。天低树：天幕低垂，好像和树木相连。

(5) 月近人：倒映在水中的月亮好像来靠近人。

4. 汉译

把小船停靠在烟雾迷蒙的小洲，

日暮时分新愁又涌上客子心头。

旷野无边无际远天比树还低沉，

江水清清明月来和人相亲相近。

5. 英译

Mooring on the River at Jiande　by Meng Haoran

My boat is moored by mist-veiled river shore,

I'm grieved to see the setting sun no more.

On boundless plain clouds hang atop the tree;

In water clear the moon seems near to me.

6. 赏析

这是唐人五绝中的写景名篇。

作者把小船停靠在烟雾迷蒙的江边，面对秋江暮色，想起了往事，抒发了羁旅之思。

前两句触景生情，后两句借景抒情，描写了清新的秋夜，突出表现了细微的景物特点。

第一句点题，也为下面写景抒情做了准备；第二句中“日暮”是“客愁新”的原因；最后两句，因为“野旷”，所以天低于树，因为“江清”，所以月能近人。天和树、人和月的关系，写得恰切逼真。全诗淡而有味，含而不露，自然流出，风韵天成，颇有特色。

四、孟浩然《过故人庄》

1. 原诗

过故人庄　孟浩然

故人具鸡黍，邀我至田家。
绿树村边合，青山郭外斜。
开轩面场圃，把酒话桑麻。
待到重阳日，还来就菊花。

2. 拼音

guò gù rén zhuāng　mèng hào rán
gù rén jù jī shǔ ，yāo wǒ zhì tián jiā 。
lǜ shù cūn biān hé ，qīng shān guō wài xiá。
kāi xuān miàn chǎng pǔ ，bǎ jiǔ huà sāng má 。
dài dào chóng yáng rì ，huán lái jiù jú huā 。

3. 注释

（1）过：拜访。故人庄：老朋友的田庄。庄，田庄。

（2）具：准备，置办。鸡黍：指农家待客的丰盛饭食（字面指鸡和黄米饭）。黍，黄米，古代认为是上等的粮食。

（3）邀：邀请。至：到。

（4）合：环绕。

（5）郭：古代城墙有内外两重，内为城，外为郭。这里指村庄的外墙。斜：倾斜。因古诗需与上一句押韵，所以应读 xiá。

（6）开：打开，开启。轩：窗户。面：面对。场圃：场，打谷场、稻场；圃，菜园。

（7）把酒：端着酒具，指饮酒。把，拿起，端起。话桑麻：闲谈农事。桑麻，桑树和麻。这里泛指庄稼。

（8）重阳日：指农历的九月初九。古人在这一天有登高、饮菊花酒的习俗。

（9）还（huán）：返，来。就菊花：指饮菊花酒，也是赏菊的意思。就，靠近，指去做某事。

4. 汉译

老朋友预备丰盛的饭菜，
邀请我到他好客的农家。
翠绿的树林围绕着村落，
苍青的山峦在城外横卧。
推开窗户面对谷场菜园，
手举酒杯闲谈庄稼情况。
等到九九重阳节到来时，
再请君来这里观赏菊花。

5. 英译

Visiting an Old Friend　by Meng Haoran

My friend's prepared a chicken and plain food
And he's invited me to his cottage hall.
The village is surrounded by green wood;
Blue mountains slant beyond the city wall
The window opened ，we face field and ground;
Wine cup in hand ，we talk of crops of grain.

"When the Festival of Double Ninth comes round,
I'll come for your chrysanthemums again."

6. 赏析

这是一首田园诗佳作。

全诗描绘了美丽的山村风光和平静的田园生活。用语平淡无奇，叙事自然流畅，感情真挚，诗意醇厚。通篇侃侃而谈，似说家常。

"绿树村边合，青山郭外斜"这一联句，勾勒出一个环抱在青山绿树之中的村落，有"清水出芙蓉，天然去雕饰"的美学情趣。

这首诗和陶渊明的《饮酒》等诗风格相近，但陶渊明写的是古体诗，这首诗却是近体诗。

房日晰先生在《略谈孟浩然诗风的清与淡》一文中评："纵观孟诗，其诗风之淡，大致有三：一为思想感情的淡，没有激切的情绪的流露；二为诗意表现的淡，没有浓烈的诗意的展示；三为语言色彩的淡，没有绚丽色彩的描绘。"淡而有味，正是孟浩然诗歌的特点。

◎ 重要概念

山水田园诗派

本课练习题及答案

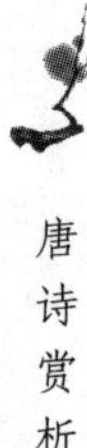

第六单元　李白的诗（上）

内容提要

唐诗知识

李白　李白诗歌主要内容　乐府诗

赏析篇目

1. 李白《玉阶怨》

2. 李白《静夜思》

3. 李白《赠汪伦》

4. 李白《早发白帝城》

泛读篇目

1. 李白《山中问答》

2. 李白《望庐山瀑布》

第一节　唐诗知识

一、李白

李白（701—762 年），字太白，号青莲居士，唐代伟大的浪漫主义诗人。祖籍陇西成纪（现甘肃省秦安），生于中亚碎叶（在今吉尔吉斯斯坦首府，唐时属安西都护府)，五岁移家绵州（今四川江油)。

李白家境富裕，少年时饱读诗书，表现出非凡的文学才能。他好交游，喜谈修道成仙，向往行侠仗义，慷慨有大志，性格豪放不羁。25岁时离家，漫游长江、黄河南北各地，结交社会名流，以诗文获得很高的社会声望。

天宝元年（742年)，由友人推荐，唐玄宗任他为翰林待诏，做皇帝的侍从文人，居长安近三年，对宫廷和贵族社会有了直接了解。

由于权臣排挤，李白于天宝三年（744年）离开长安，再度开始漫游生活。

在洛阳，他与比他小11岁的杜甫相识，结下终生友谊。

安史之乱开始时，他已55岁，正在宣城（在今安徽)。怀着报国之情，应永王李璘之邀，入其幕府做事；后李璘被肃宗李亨铲除，李白则被流放夜郎（在今贵州)，中途遇赦而归，生活于金陵（今南京）和宣城间。

公元762年，李白病逝于当涂（在今安徽)，享年62岁。

二、李白诗歌主要内容

李白是中国盛唐时期最伟大的诗人之一，他的诗作是盛唐气象的杰出代表，集中地体现了那个时代的精神风貌。

其一，李白诗反映了盛唐时期积极向上的时代精神。他对自己的政治才能充满自信，经常以历史上有作为的管仲、张良、乐毅、诸葛亮等为榜样。他也以大鹏自比："大鹏一日同风起，扶摇直上九万里。假令风歇时下来，犹能簸却沧溟水。"（《上李邕》）这种积极用世、奋发向上的精神，正是盛唐的时代精神。

其二，李白诗中表现了强烈的反权贵意识，"安能摧眉折腰事权贵，使我不得开心颜"（《梦游天姥吟留别》）等豪气横溢的诗句，现在读之，也可以感受到英风豪气。清高——不摧眉折腰，保持独立人格，这是取得创作成功的基本前提之一，也是古代几乎所有伟大的作家都"穷"而不"达"（穷达，意思是仕途的困顿与顺利）的缘故。从李白身上，令人想起不愿"为五斗米折腰"的陶渊明。

其三，李白对祖国的山川十分热爱。李白半仙、半侠、豪迈的诗人性格，借壮丽山川得到表现，他笔下那“难于上青天”的蜀道，那“登高壮观天地间，大江茫茫去不还。黄云万里动风色，白波九道流雪山”（《庐山谣寄卢侍御虚舟》）的庐山，那“半壁见海日，空中闻天鸡”的天姥山，那“黄河之水天上来，奔流到海不复回”的中华民族母亲河，那“人行明镜中，鸟度屏风里”的清溪……都见出诗人高尚的品行与人格，也见出诗人的审美情趣和对高洁、光明的追求。

其四，李白心系国家人民命运，他的《古风（殷后乱天纪）》批判矛头直指最高统治者，对普通百姓朋友一往情深。安史之乱以后，诗歌直接反映战乱现实，如《扶风豪士歌》：“洛阳三月飞胡沙，洛阳城中人怨嗟。天津流水波赤血，白骨相撑如乱麻。……”

当然，李白诗中也有一些消极内容，如“人生得意须尽欢”，人生如梦，求仙学道等。

总之，李白诗从不同侧面表现盛唐气象，也揭示了背后隐藏的严重危机。

三、乐府诗

乐府本是中国古代音乐机构，指秦代以来朝廷设立的管理音乐的官署，西汉武帝时正式成立。

乐府机构，负责收集各地民间音乐，整理、改编与创作，进行演唱、演奏等。后来“乐府”成为带有音乐性的诗体的名称。

乐府诗大部分采自民间，也有文人仿作，具有反映现实、通俗易懂、可以入乐等特点。

唐代把南北朝以前的乐府诗，统称作古乐府。

唐人创作的乐府诗，用乐府旧题，写时事，抒发自己的情感，称为新乐府。

第二节　赏析篇目

一、李白《玉阶怨》

1. 原诗

玉阶怨　李白

玉阶生白露，夜久侵罗袜。
却下水晶帘，玲珑望秋月。

2. 拼音

yù jiē yuàn　lǐ bái
yù jiē shēng bái lù，yè jiǔ qīn luó wà。
què xià shuǐ jīng lián，líng lóng wàng qiū yuè。

3. 注释

(1) 玉阶怨：乐府古题，是专写“宫怨”的曲题。
(2) 罗袜：丝织的袜子。
(3) 却下：回房放下。却，还。水晶帘：即用水晶石穿制成的帘子。
(4)“玲珑”句：虽下帘仍望月，不能眠。玲珑，形容月光。

4. 汉译

玉阶上，凝结着点点白露，
深夜时分，露水浸湿了罗袜。
她回到房内，放下水晶帘，
静静遥望，那玲珑的秋月。

5. 英译

Griefs at the Jewel Stairs　by Li Bai

The jewel steps are already quite wet with dew,
It is so late that my silk stockings;
Have been soaked before I know,
And I let fall the crystal curtain
And watch the clear autumn moon.

6. 赏析

《玉阶怨》是李白借乐府旧题创作的宫怨诗。

这首诗，虽曲名标有“怨”字，诗中却全不见“怨”字。前两句写一个女人无言独立玉阶，露水浓重，浸透了罗袜，她却还在痴痴等待；后两句写寒气袭人，女人回房放下窗帘，却还在凝望秋月。无言独立玉阶，冰凉的露水浸湿了罗袜，我们可以想见夜色之浓，伫待之久，怨情之深。

此诗抓住生活细节及一时的心理动态，反映出女人的孤独清凄。不写怨意，实际怨意极深。所谓“不着一字，尽得风流”，这首诗就是典型的例子。李白乐府诗的成就很高，这首诗是乐府诗中的珍品。

二、李白《静夜思》

1. 原诗

静夜思　李白

床前明月光，疑是地上霜。

举头望明月，低头思故乡。

2. 拼音

jìng yè sī　lǐ bái

chuáng qián míng yuè guāng ，yí shì dì shàng shuāng 。

jǔ tóu wàng míng yuè ，dī tóu sī gù xiāng 。

3. 注释

（1）静夜思：安静的夜晚产生的思绪。

（2）床：“胡床”，一种坐卧的器具。

（3）疑：好像。

（4）举头：抬头。

4. 汉译

明亮的月光洒在窗户纸上，

好像地上泛起了一层霜。

我禁不住抬起头来，看那窗外空中的一轮明月，

不由得低头沉思，想起远方的家乡。

5. 英译

Homesick on a Quiet Night　by Li Bai

The bright moonlight near my cot,
Seems to me like white ground frost,
I look up to gaze at the moon,
I look down to think of home.

6. 赏析

《静夜思》创作于唐玄宗开元十四年（726年）九月十五日的扬州旅舍，当时李白26岁。

在一个月明星稀的夜晚，诗人抬头望天空一轮皓月，思乡之情油然而生。全诗从“疑”到“举头”，从“举头”到“低头”，形象地揭示了诗人的内心活动，鲜明地勾勒出一幅生动形象的月夜思乡图，抒发了作者在寂静的月夜思念家乡的感受。

夜深了，月光透过窗户照在地面，初看仿佛是在地上涂了一层浓霜。望着那轮皎洁清冷的秋月，客居的诗人想起远隔千里的故乡、亲人，他的头不觉默默地低下了……

李白爱写月亮，从来没有哪位诗人写过如此多的有关月亮的诗，李白的月亮诗，直达每个思乡者的心灵深处。

三、李白《赠汪伦》

1. 原诗

赠汪伦　李白

李白乘舟将欲行，忽闻岸上踏歌声。
桃花潭水深千尺，不及汪伦送我情。

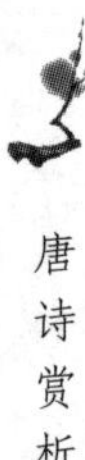

2. 拼音

zèng wāng lún　lǐ bái
lǐ bái chéng zhōu jiāng yù xíng，hū wén àn shàng tà gē shēng。
táo huā tán shuǐ shēn qiān chǐ，bù jí wāng lún sòng wǒ qíng。

3. 注释

（1）汪伦：李白的朋友。

（2）将欲行：即将出发。

（3）踏歌：唐代民间流行的一种手拉手、两足踏地为节拍的歌舞形式，可以边走边唱。

（4）桃花潭：在今安徽泾县西南。诗人用潭水深千尺，比喻汪伦与他的友情。

（5）不及：不如。

4. 汉译

李白我刚刚要解缆前行，
忽听见岸上传来了踏歌声。
清澈的桃花潭深达千尺啊，
却比不上汪伦你送我的深情。

5. 英译

To Wang Lun　by Li Bai

My boat is about to leave
When I hear your farewell songs on shore,
Nobody can tell how deep
The Lake of Peach Blossom may be,
But I'm sure it's not
So deep as your friendship for me.

6. 赏析

李白的这首诗，有两个特点异乎寻常：第一，中国诗的传统，主张含蓄蕴藉，然而这首诗却坦率、直露，绝少含蓄；第二，古人写诗，一般忌讳在诗中直呼姓名，以为无味，然而这首诗，却从诗人直呼自己的姓名开始，又以称呼对方的名字结束，真率、亲切、洒脱，很有情味。

在明白如话的诗行里，流淌着深挚的情谊，如清清潭水，映出友情的纯真。本色，正是这首小诗的好处。“语直”而“意”不浅，味更浓。

明代《唐诗解》评这首诗：“太白于景切情真处，信手拈来，所以调绝千古。”

四、李白《早发白帝城》

1. 原诗

早发白帝城　李白

朝辞白帝彩云间，千里江陵一日还。

两岸猿声啼不住，轻舟已过万重山。

2. 拼音

zǎo fā bái dì chéng　lǐ bái

zhāo cí bái dì cǎi yún jiān，qiān lǐ jiāng líng yí rì huán。

liǎng àn yuán shēng tí bú zhù，qīng zhōu yǐ guò wàn chóng shān。

3. 注释

（1）发：启程。白帝城：故址在今重庆市奉节县白帝山上。

（2）朝：早晨。辞：告别。彩云间：因白帝城在白帝山上，地势高耸，从山下江中仰望，仿佛耸入云间。

（3）江陵：今湖北省荆州市。从白帝城到江陵约一千二百里。一日还：一天就可以到达。还，归，返回。

（4）猿：猿猴。啼：鸣、叫。住：停息。一作“尽”。

4. 汉译

清晨，我辞别了云蒸霞蔚的白帝城，
黄昏，到了千里之外的江陵。
两岸的猿声不住啼唤，
苍山如海，轻快的小舟驶过那波涛万顷。

5. 英译

Farewell to the White Emperor　by Li Bai

Leaving at dawn the White Emperor crowned with cloud,
I've sailed a thousand miles through Gorges in a day.
With monkeys' sad adieux the riverbanks are loud,
My skiff has left ten thousand mountains far away.

6. 赏析

唐肃宗乾元二年（759年）春天，李白因永王李璘案，被流放夜郎，经过四川，去被贬谪的地方。行至白帝城的时候，忽然收到赦免的消息，他惊喜交加，随即乘舟东下，写下这首名垂千古的七绝。

此诗描写自白帝城至江陵一段长江的景象，这里水急流速，舟行若飞。首句写白帝城之高；二句写江陵路遥，舟行迅速；三句以山影猿声烘托行舟飞进；四句写行舟轻如无物，点明水势如泻。

全诗把诗人遇赦后愉快的心情，江山的壮丽多姿，顺水行舟的流畅、轻快融为一体，运用夸张和奇想，写得流丽飘逸，惊世骇俗，给人随心所欲、自然天成的印象。明人曾赞这首诗："惊风雨而泣鬼神矣！"

第三节 泛读篇目

一、李白《山中问答》

1. 原诗

山中问答　李白

问余何意栖碧山，笑而不答心自闲。

桃花流水窅然去，别有天地非人间。

2. 拼音

shān zhōng wèn dá　lǐ bái

wèn yú hé yì qī bì shān，xiào ér bù dá xīn zì xián。

táo huā liú shuǐ yǎo rán qù，bié yǒu tiān dì fēi rén jiān。

3. 注释

（1）余：我。栖：居住。碧山：在湖北省安陆市内，山下桃花洞是李白读书处。

（2）闲：安然，泰然。

（3）窅（yǎo）然：幽深遥远的样子。

（4）别：另外。非人间：不是人间，这里指诗人的隐居生活。

4. 汉译

你问我为什么在这里流连，

我淡然一笑算作回答，内心安闲。

粉红的桃花，清清的溪水，

你该知道，这是另一个天地——世外桃源。

5. 英译

Green Mountain by Li Bai

You ask me why I dwell in the green mountain;

I smile and make no reply for my heart is free of care.

As the peach-blossom flows down stream and is gone into the unknown,

I have a world apart that is not among men.

6. 赏析

《山中问答》约作于开元十七年（729 年）李白在湖北安陆白兆山桃花岩隐居时期。

李白曾经多次隐居山林。这首诗意淡远的七言绝句，以问答形式，抒发作者隐居生活的自在天然的情趣，也反映了诗人的矛盾心理。

第一联，以提问的形式领起，唤起读者的注意。当人们正要倾听答案时，诗人笔锋却故意一晃，“笑而不答”。俗人问李白，为何要隐居？实际上，李白的隐居，含义丰富。

李白所以隐居，一是有意造就声誉，以取得有力的人的推荐，更便捷地走上仕宦道路。二是他真诚地爱好自由自在的隐居生活。他的隐居，不是遁世，而是想等待时机到来，做一番“济苍生”“安社稷”的事业，等到功成，就飘然引退，“与陶朱、留侯，浮五湖，戏沧州”（李白《代寿山答孟少府移文书》）。所以，李白隐居的思想是复杂而且充满矛盾的，他难以跟俗人说明白。他觉得这些都不容易对俗人说清楚，而且这样的事，对俗人也不便说，没必要说，所以他就“笑而不答”。

第二联，写“碧山”之景，其实也就是“何意栖碧山”的答案。这种“不答”而答、似断实连的结构，加深了诗的韵味。这两句用陶渊明《桃花源记》的典故。诗虽写花随溪水窅然远逝的景色，却无一点“流水落花春去也”的衰飒情调，而是把它当作令人神往的美来渲染、来赞叹。“山花如绣颏”（李白《夜下征虏亭》）固然是美的，桃花随流水也是美的，它们都是依照自然的法则，在荣盛和消逝之中显示出不同的美，这不同的美却具有一个共同点，即“天然”二字。这种美学观点反映了诗人酷爱自由、天真开朗的性格。“别有天地非人间”，言外之意是，碧山桃花源别有天地，妙趣无穷，他就爱在这山中隐居。诗人在前面对俗人的疑问“笑而不答”，在这里才做出了巧妙的回答。

这首诗完全是口头语，很朴素，像行云流水似的，流畅自然，浑然天成。如李白所说：“清水出芙蓉，天然去雕饰。”全诗虽然只有四句二十八字，但是有问、有答，有叙述、有描绘、有议论。诗境似近而实远，诗情似淡而实浓。用笔有虚有实，实处的描写形象可感，虚处的用笔一触即止，虚实对比，蕴意幽邃。

诗押平声韵，采用不拘格律的古绝形式，显得质朴自然，悠然舒缓，有助于传达出诗的情韵。后两句意境甚美，构思很巧妙，更使全诗为之增色。

二、李白《望庐山瀑布》

1. 原诗

望庐山瀑布　李白

日照香炉生紫烟，遥看瀑布挂前川。

飞流直下三千尺，疑是银河落九天。

2. 拼音

wàng lú shān pù bù　lǐ bái

rì zhào xiāng lú shēng zǐ yān，yáo kàn pù bù guà qián chuān。

fēi liú zhí xià sān qiān chǐ，yí shì yín hé luò jiǔ tiān。

3. 注释

（1）香炉：指香炉峰。紫烟：指日光透过云雾，远望如紫色的烟云。

（2）遥看：从远处看。挂：悬挂。前川：一作“长川”。川，河流，这里指瀑布。

（3）直：笔直。三千尺：形容山高。这里是夸张的说法，不是实指。

（4）疑：怀疑。银河：古人指银河系构成的带状星群。九天：极言天高。

古人认为天有九重，九天是天的最高层，九重天，即天空最高处。极言瀑布落差之大。

4. 汉译

太阳照耀香炉峰生出袅袅紫烟，
远远望去瀑布像长河悬挂山前。
仿佛三千尺水流飞奔直冲而下，
莫非是银河从九天垂落山崖间。

5. 英译

The Waterfall in Mount Lu Viewed from Afar by Li Bai

The sunlit Censer Peak exhales incense—like cloud;
Like an upended stream the cataract sounds loud.
Its torrent dashes down three thousand feet from high
As if the Silver River fell from the blue sky.

6. 赏析

这首诗是李白五十岁左右隐居庐山时所作的七言绝句。

首句，写庐山上一座顶天立地的香炉峰，升起了白烟，在青山蓝天之间，在红日的照射下，化成一片紫色的云霞。

次句，写山壁上的瀑布像是一条巨大的白练，高挂于山川之间。“挂”字很妙，化动为静，惟妙惟肖地表现出倾泻的瀑布在“遥看”中的形象。

第三句，又极写瀑布的动态。“飞流直下三千尺”，一笔挥洒，字字有力。“飞”字，把瀑布喷涌而出的景象描绘得极为生动；“直下”，既写出山之高峻陡峭，又可以见出水流之急，那高空直落、势不可挡之状如在眼前。

最后一句“疑是银河落九天”，真是想落天外，惊人魂魄。“疑是”值得细味，诗人说得恍恍惚惚，读者也明知不是，却信其确是。

这首诗极富浪漫主义色彩，比喻奇特，想象新奇，夸张又自然，生动而真切。雄奇瑰丽的庐山，既给人留下了深刻的印象，又显示出李白诗的气势。

苏东坡十分赞赏这首诗，说：“帝遣银河一派垂，古来惟有谪仙词。”“谪仙”就是李白啊！

◎ 重要概念

乐府诗　李白

本课练习题及答案

第七单元　李白的诗（下）

内容提要

唐诗知识

李白诗风

赏析篇目

1. 李白《宣州谢朓楼饯别校书叔云》

2. 李白《梦游天姥吟留别》

泛读篇目

李白《行路难（其一）》

第一节　唐诗知识

李白诗风

李白的诗在艺术上取得了巨大成就，是中国诗歌遗产中的瑰宝。分述如下：

一是浪漫主义的艺术风格。李白的诗具有“笔落惊风雨，诗成泣鬼神”的艺术魅力，这是李白诗歌最鲜明的艺术特色。李白调动了一切浪漫主义手法，使诗歌的内容和形式达到了完美的统一。

二是李白诗融合了屈原、庄子等人的艺术风格，形成了一种雄奇、飘逸、奔放的风格；丰富的想象、生动的比喻、高度的夸张等修辞手法的运用，更使其诗具有一种掀雷挟电的夺人气势，令人折服。在他的一些代表作如《蜀道难》《梦游天姥吟留别》等诗作中，常运用飞动的笔触，把现实与梦幻、想象结合在一起，或升天，或入地，把时间、空间的界限也都打破。

三是李白的诗富于自我表现，主观抒情色彩十分浓烈，王世贞《艺苑卮言》指出，李白诗“以气为主，以自然为宗”。感情的表达具有一种排山倒海、一泻千里的气势。比如，他入京求官时，“仰天大笑出门去，我辈岂是蓬蒿人!”想念长安时，“狂风吹我心，西挂咸阳树。”这些诗句都是极富感染力的。

四是李白的乐府、歌行及绝句成就最高。其歌行，完全打破诗歌创作的一切固有格式，笔法多端，变幻莫测，达到摇曳多姿的神奇境界。李白的绝句自然明快，飘逸潇洒，能以简洁明快的语言表达出无尽的情思。

五是李白诗自然而不雕琢。李白诗歌的语言，有的清新如同口语，有的豪放，不拘声律，近于散文，但都统一在“清水出芙蓉，天然去雕饰”的自然美之中。这是他的自觉追求。

总之，李白将中国古代诗歌艺术推上了顶峰。他的诗：豪迈奔放，清新飘逸，想象丰富，意境奇妙，语言自然，立意清新，影响深远。李白的诗，成为中华民族文化遗产中最光彩夺目的部分。

第二节　赏析篇目

一、李白《宣州谢朓楼饯别校书叔云》

1. 原诗

宣州谢朓楼饯别校书叔云　李白

弃我去者，昨日之日不可留；
乱我心者，今日之日多烦忧。
长风万里送秋雁，对此可以酣高楼。
蓬莱文章建安骨，中间小谢又清发。
俱怀逸兴壮思飞，欲上青天览明月。

抽刀断水水更流，举杯消愁愁更愁。

人生在世不称意，明朝散发弄扁舟。

2. 拼音

xuān zhōu xiè tiǎo lóu jiàn bié jiào shū shū yún　lǐ bái

qì wǒ qù zhě ，zuó rì zhī rì bù kě liú ；

luàn wǒ xīn zhě ，jīn rì zhī rì duō fán yōu 。

cháng fēng wàn lǐ sòng qiū yàn ，duì cǐ kě yǐ hān gāo lóu 。

péng lái wén zhāng jiàn ān gǔ ，zhōng jiān xiǎo xiè yòu qīng fā 。

jù huái yì xìng zhuàng sī fēi ，yù shàng qīng tiān lǎn míng yuè 。

chōu dāo duàn shuǐ shuǐ gèng liú ，jǔ bēi xiāo chóu chóu gèng chóu 。

rén shēng zài shì bú chèn yì ，míng zhāo sǎn fà nòng biǎn zhōu 。

3. 注释

（1）宣州：今安徽宣城一带。谢朓楼：是南齐诗人谢朓任宣城太守时所建。饯别：以酒食送行。校书：官名，掌管朝廷的图书整理工作。叔云：李白的叔叔李云。

（2）长风：远风，大风。

（3）此：指上句的长风秋雁的景色。酣：畅饮。高楼：指谢朓楼。

（4）蓬莱文章：借指李云的文章。蓬莱，此指东汉时藏书之东观。建安骨：指刚健遒劲的诗文风格。汉末建安（汉献帝年号）年间（196—220），“三曹”和“七子”等作家所作之诗风骨遒劲，后人称之为“建安风骨”。

（5）小谢：指谢朓，字玄晖，南朝齐诗人。后人将他和谢灵运并称为大谢、小谢。这里是李白自喻。清发：指清新秀发的诗风。发：诗文俊逸。

（6）俱怀：两人都怀有。逸兴：飘逸豪放的兴致，多指山水游兴、超迈的意兴。壮思：雄心壮志，豪壮的意思。

（7）览：通“揽”，摘取。一本作“揽”。

（8）消：一本作“销”。更：一本作“复”。

（9）称意：称心如意。

（10）明朝：明天。散发：去冠披发，指隐居不仕。古人散发表示闲适自在。弄扁舟：乘小舟归隐江湖。扁舟，小舟，小船。

4. 汉译

昨天的日子渐渐离我远去，已经不可能挽留；
今天的日子扰乱了我的心，充满了无限烦忧。
长风吹过了几万里送来秋雁，
对此可以开怀畅饮酣醉高楼。
校书您的文章颇具建安风骨，
又有我的诗如谢朓秀朗清发。
我们都是心怀逸兴壮思飞动，
想登上九天去摘取一轮明月。
拔刀断水水却更加汹涌奔流，
举杯消愁却更加忧愁。
人生在世上不能够称心如意，
不如明天披头散发驾舟漂流。

5. 英译

Farewell to Uncle Yun, Imperial Librarian at Xie Tiao's Pavilion in Xuancheng　by Li Bai

What left me yesterday
Can be retained no more;
What troubles me today
Is the times for which I feel sore.
In autumn wind for miles and miles the wild geese fly,
Let's drink in face of this in the pavilion high!
Your writing's forcible like ancient poets while
Mine is in Junior Xie's clear and spirited style.
Both of us have an ideal high;
We would reach the moon in the sky.
Cut running water with a sword, it will faster flow;
Drink wine to drown your sorrow, it will heavier grow.
If we despair all of human affairs,
Let us roam in a boat with loosened hairs!

6. 赏析

这首诗是李白在宣城（今属安徽）与李云相遇，同登谢朓楼时创作的一首送别诗。

“昨日之日”与“今日之日”，是指许许多多个弃我而去的“昨日”，和接踵而至的“今日”，也就是说，每一天都深感时光难驻，心烦意乱。为什么？因为天宝以来，朝政越来越腐败，李白个人遭遇越来越困顿。理想与现实的尖锐矛盾所引起的强烈精神苦闷，在这里找到了适合的表现形式。重叠复沓的语言，长达十一字的句式，生动显示出诗人郁结、忧愤、心绪之乱，以及一触即发、一发不止的感情状态。

三、四两句，突作转折：对着明净的秋空，遥望万里长风送鸿雁的美景，不由得激起酣饮高楼的豪兴。从极端苦闷，忽然转到朗爽壮阔的境界，仿佛变化无端，不可思议。这正是李白之所以为李白之处。因为他素怀远大的理想抱负，又长期为黑暗污浊的环境所压抑，所以时刻都向往着广大的可以自由驰骋的空间。

五、六两句分写主客双方。上句赞美李云的文章风格刚健，具有“建安风骨”。下句则以“小谢”（即谢朓）自指，说自己的诗像谢朓那样，具有清新秀发的风格。李白自比小谢，流露出对自己才能的自信。

七、八两句，说彼此都怀有豪情逸兴、雄心壮志，酒酣兴发，想登上青天揽取明月。这是诗人酒后的豪言壮语。豪放与天真，这正是李白的性格，也是诗人对高洁理想境界的向往追求。

“抽刀断水水更流，举杯消愁愁更愁。”当他从幻想中回到现实，更强烈地感到了理想与现实的矛盾不可调和，更加重了内心的烦忧苦闷。

“人生在世不称意，明朝散发弄扁舟。”李白的理想与黑暗现实的矛盾，在当时，是无法解决的，因此，他总是陷于“不称意”的苦闷中，只能找到“散发弄扁舟”这样一条摆脱苦闷的出路。

全诗语言明朗朴素，音调激越高昂，如歌如诉，强烈的思想情感起伏涨落，一波三折，如奔腾的江河瞬息万变，与跳跃发展的结构完美结合，达到了豪放与自然和谐统一的境界。

明人评此诗“如天马行空，神龙出海”。

二、李白《梦游天姥吟留别》

1. 原诗

梦游天姥吟留别　李白

海客谈瀛洲，烟涛微茫信难求；
越人语天姥，云霞明灭或可睹。
天姥连天向天横，势拔五岳掩赤城。
天台四万八千丈，对此欲倒东南倾。

我欲因之梦吴越，一夜飞度镜湖月。
湖月照我影，送我至剡溪。
谢公宿处今尚在，渌水荡漾清猿啼。

脚著谢公屐，身登青云梯。
半壁见海日，空中闻天鸡。
千岩万转路不定，迷花倚石忽已暝。
熊咆龙吟殷岩泉，栗深林兮惊层巅。

云青青兮欲雨，水澹澹兮生烟。
列缺霹雳，丘峦崩摧。
洞天石扉，訇然中开。
青冥浩荡不见底，日月照耀金银台。
霓为衣兮风为马，云之君兮纷纷而来下。
虎鼓瑟兮鸾回车，仙之人兮列如麻。

忽魂悸以魄动，恍惊起而长嗟。
惟觉时之枕席，失向来之烟霞。

世间行乐亦如此，古来万事东流水。
别君去兮何时还？且放白鹿青崖间，须行即骑访名山。
安能摧眉折腰事权贵，使我不得开心颜！

2. 拼音

mèng yóu tiān mǔ yín liú bié　lǐ bái

hǎi kè tán yíng zhōu，yān tāo wēi máng xìn nán qiú；
yuè rén yǔ tiān mǔ，yún xiá míng miè huò kě dǔ。
tiān mǔ lián tiān xiàng tiān héng，shì bá wǔ yuè yǎn chì chéng。
tiān tái sì wàn bā qiān zhàng，duì cǐ yù dǎo dōng nán qīng。

wǒ yù yīn zhī mèng wú yuè，yí yè fēi dù jìng hú yuè。
hú yuè zhào wǒ yǐng，sòng wǒ zhì shàn xī。
xiè gōng sù chù jīn shàng zài，lù shuǐ dàng yàng qīng yuán tí。

jiǎo zhuó xiè gōng jī，shēn dēng qīng yún tī。
bàn bì jiàn hǎi rì，kōng zhōng wén tiān jī。
qiān yán wàn zhuǎn lù bú dìng，mí huā yǐ shí hū yǐ míng。
xióng páo lóng yín yīn yán quán，lì shēn lín xī jīng céng diān。

yún qīng qīng xī yù yǔ，shuǐ dàn dàn xī shēng yān。
liè quē pī lì，qiū luán bēng cuī。
dòng tiān shí fēi，hōng rán zhōng kāi。
qīng míng hào dàng bú jiàn dǐ，rì yuè zhào yào jīn yín tái。
ní wéi yī xī fēng wéi mǎ，yún zhī jūn xī fēn fēn ér lái xià。
hǔ gǔ sè xī luán huí chē，xiān zhī rén xī liè rú má。

hū hún jì yǐ pò dòng，huǎng jīng qǐ ér cháng jiē。
wéi júe shí zhī zhěn xí，shī xiàng lái zhī yān xiá。

shì jiān xíng lè yì rú cǐ，gǔ lái wàn shì dōng liú shuǐ。
bié jūn qù xī hé shí huán？qiě fàng bái lù qīng yá jiān，xū xíng jí qí fǎng míng shān。
ān néng cuī méi zhé yāo shì quán guì，shǐ wǒ bù dé kāi xīn yán！

3. 注释

(1) 海客：浪迹海上之人。瀛洲：传说中的东海仙山。

(2) 烟涛：波涛渺茫，远看像烟雾笼罩的样子。微茫：景象模糊不清。信：实在。难求：难以寻访。

(3) 越人：指浙江绍兴一带的人。

(4) 云霞明灭：云霞忽明忽暗。

(5) 向天横：遮住天空。横，遮断 。

(6) 势拔五岳掩赤城：山势超过五岳，遮掩住了赤城。拔：超出。

(7) 四万八千丈：形容天台山很高，是一种夸张的说法，并非实数。

(8) 对此欲倒东南倾：对着（天姥）这座山，（天台山）就好像要拜倒在它的东面一样。意思是天台山和天姥山相比，就显得更低了。

(9) 因之：因，依据。之，代指前段越人的话。

(10) 镜湖：即鉴湖，在绍兴，唐朝最有名的城市湖泊。

(11) 剡（shàn）溪：水名，在今浙江绍兴嵊州市南，曹娥江上游。

(12) 谢公：指南朝绍兴诗人谢灵运。谢灵运喜欢游山，他游天姥山时，曾在剡溪居住。

(13) 渌：清澈。清：凄清。

(14) 谢公屐：谢灵运（穿的那种）木屐。谢灵运游山时穿的一种特制木鞋，鞋底下安着活动的锯齿，上山时抽去前齿，下山时抽去后齿。

(15) 青云梯：指直上云霄的山路。

(16) 半壁见海日：上到半山腰就见到从海上升起的太阳。

(17) 天鸡：古代传说，东南有桃都山，山上有棵大树，树枝绵延三千里，树上栖有天鸡，每当太阳初升，照到这棵树上，天鸡就叫起来，天下的鸡也都跟着它叫。

(18) 迷花倚石忽已暝：迷恋着花，依靠着石，不觉得天色已经晚了。暝，天黑、夜晚。

(19) 熊咆龙吟殷岩泉：熊在怒吼，龙在长鸣，震荡着山山水水，岩中的泉水在震响。殷，这里作动词用，震响。

(20) 栗深林兮惊层巅：使深林战栗，使层巅震惊。

(21) 青青：黑沉沉的。

(22) 列缺：闪电。列，通“裂”，分裂。缺，指云的缝隙。电光从云中决裂而出，故称“列缺”。

(23) 洞天石扉，訇（hōng）然中开：仙府的石门，訇的一声从中间打开。洞天，神仙所居的洞府，意谓洞中别有天地。石扉，即石门。訇然，形容声音很大。

(24) 青冥：青天。

(25) 金银台：金银筑成的宫阙，指神仙居住的地方。

(26) 云之君：云里的神仙。

(27) 鸾回车：鸾鸟驾着车。鸾，传说中凤凰一类的鸟。回，回旋、运转。

(28) 恍：恍然，猛然。

(29) 觉时：醒时。

(30) 失向来之烟霞：刚才梦中所见的烟雾云霞都不见了。向来，原来。烟霞，指前面所写的仙境。

(31) 东流水：（像）东流水一样（一去不复返）。

(32) 且放白鹿青崖间，须行即骑访名山：暂且把白鹿放在青青的山崖间，等到要走的时候就骑上它去访问名山。须，等待。

(33) 摧眉折腰：低头弯腰，即卑躬屈膝。摧眉，即低眉。陶渊明曾叹“我岂能为五斗米向乡里小儿折腰！”

4. 汉译

海外来的客人谈起瀛洲，
（大海）烟波渺茫，（瀛洲）实在难以寻求。
绍兴一带的人谈起天姥山，
在云雾霞光中有时还能看见。
天姥山高耸入云，连着天际，横向天外。
山势高峻超过五岳，遮掩过赤城山。
天台山高一万八千丈，对着天姥山，
好像要向东南倾斜拜倒一样。

我根据越人说的话梦游到了绍兴，
一天夜里，飞渡过了明月映照的镜湖。

镜湖的月光照着我的影子，
一直送我到了剡溪。
谢灵运住的地方现在还在，
清澈的湖水荡漾，猿猴清啼。

脚上穿着谢公当年特制的木鞋，
攀登直上云霄的山路。
（上到）半山腰就看见了从海上升起的太阳，
空中传来天鸡的叫声。
山路盘旋弯曲，方向不定，
迷恋着花，依倚着石头，不觉天色已经晚了。
熊在怒吼，龙在长鸣，岩中的泉水在震响，
使森林战栗，使山峰惊颤。

云层黑沉沉的，像是要下雨，
水波动荡生起了烟雾。
电光闪闪，雷声轰鸣，
山峰好像要崩塌似的。
仙府的石门，
訇的一声从中间打开。

天色昏暗看不到洞底，
日月照耀着金银做的宫阙。
用彩虹做衣裳，将风作为马来乘，
云中的神仙们纷纷下来。
老虎弹琴，鸾鸟拉车。
仙人们排列多如密麻。

忽然惊魂动魄，
恍然惊醒起来而长长地叹息。
醒来时只有身边的枕席，
刚才梦中所见的烟雾云霞全都消失了。

人世间的欢乐也是如此，

自古以来万事都像东流的水一样一去不复返。

与君分别何时才能回来？

暂且把白鹿放牧在青崖间，

等到游览时就骑上它访名川大山。

我岂能卑躬屈膝，去侍奉权贵，

使我心中郁郁寡欢，极不舒坦！

5. 英译

Tianmu Mountain Ascended in a Dream by Li Bai

A seafaring visitor will talk about Japan,

Which waters and mists conceal beyond approach;

But Yueh people talk about Heavenly Mother Mountain,

Still seen through its varying deeps of cloud.

In a straight line to heaven, its summit enters heaven,

Tops the five Holy Peaks, and casts a shadow through China

With the hundred-mile length of the Heavenly Terrace Range,

Which, just at this point, begins turning southeast.

... My heart and my dreams are in Wu and Yueh

And they cross Mirror Lake all night in the moon.

And the moon lights my shadow

And me to Yan River—

With the hermitage of Xie still there

And the monkeys calling clearly over ripples of green water.

I wear his pegged boots

Up a ladder of blue cloud,

Sunny ocean half-way,

Holy cock-crow in space,

Myriad peaks and more valleys and nowhere a road.

Flowers lure me, rocks ease me. Day suddenly ends.

Bears, dragons, tempestuous on mountain and river,

Startle the forest and make the heights tremble.

Clouds darken with darkness of rain,

Streams pale with pallor of mist.

The Gods of Thunder and Lightning

Shatter the whole range.

The stone gate breaks asunder

Venting in the pit of heaven,

An impenetrable shadow.

... But now the sun and moon illumine a gold and silver terrace,

And, clad in rainbow garments, riding on the wind,

Come the queens of all the clouds, descending one by one,

With tigers for their lute-players and phoenixes for dancers.

Row upon row, like fields of hemp, range the fairy figures.

I move, my soul goes flying,

I wake with a long sigh,

My pillow and my matting

Are the lost clouds I was in.

... And this is the way it always is with human joy:

Ten thousand things run for ever like water toward the east.

And so I take my leave of you, not knowing for how long.

... But let me, on my green slope, raise a white deer

And ride to you, great mountain, when I have need of you.

Oh, how can I gravely bow and scrape to men of high rank and men of high office

Who never will suffer being shown an honest-hearted face!

6. 赏析

这是一首记梦诗。唐玄宗天宝三年（744 年），李白在长安受到排挤，被放出京。第二年，他由东鲁（现在山东）南游越州（绍兴），写了这首描绘梦中游历天姥山的诗，留给在东鲁的朋友。

李白以记梦为由，抒写了对光明、自由的渴求，对黑暗现实的不满，表现了蔑视权贵、不卑不屈的精神。

诗人运用丰富奇特的想象和大胆夸张的手法，以淋漓挥洒的诗笔，写出精神上种种历险和追求，让苦闷的心灵在梦中得到了解放 。“安能摧眉折腰事权贵，使我不得开心颜!”的诗句，成为后人考察李白伟大人格的重要依据。

全诗构思精密，意境雄伟，内容丰富曲折，形象辉煌流丽，感慨深沉激烈，富有浪漫主义色彩。在形式上，杂言相间，不受律束，堪称绝世名作。

第三节　泛读篇目

李白《行路难（其一）》

1. 原诗

行路难（其一）　李白

金樽清酒斗十千，玉盘珍羞直万钱。
停杯投箸不能食，拔剑四顾心茫然。
欲渡黄河冰塞川，将登太行雪满山。
闲来垂钓碧溪上，忽复乘舟梦日边。
行路难！行路难！多歧路，今安在？
长风破浪会有时，直挂云帆济沧海。

2. 拼音

xíng lù nán（qí yī）　lǐ bái

jīn zūn qīng jiǔ dǒu shí qiān ，yù pán zhēn xiū zhí wàn qián 。
tíng bēi tóu zhù bù néng shí ，bá jiàn sì gù xīn máng rán 。
yù dù huáng hé bīng sāi chuān ，jiāng dēng tài háng xuě mǎn shān 。
xián lái chuí diào bì xī shàng ，hū fù chéng zhōu mèng rì biān 。
xíng lù nán ！ xíng lù nán ！ duō qí lù ，jīn ān zài ？
cháng fēng pò làng huì yǒu shí ，zhí guà yún fān jì cāng hǎi 。

3. 注释

（1）清酒：美酒。斗十千：指酒价格的昂贵。

（2）珍羞：珍贵的菜肴。

（3）箸：筷子。

（4）垂钓碧溪：相传姜尚姜太公在磻（pán）溪垂钓，遇周文王而得重用。

（5）乘舟梦日：伊尹乘舟梦日，受聘在商朝开国君主商汤的身边。

（6）长风破浪：据《南史·宗悫（què）传》载：宗悫少年时，叔父问其志向，回答说："愿乘长风破万里浪。"以后此典故比喻宏大抱负得以施展。

（7）济：渡。

4. 汉译

金杯中的美酒一斗价十千，
玉盘里的菜肴珍贵值万钱。
但心情愁烦使得我放下杯筷，不愿进餐；
拔出宝剑环顾四周，心里一片茫然。
想渡过黄河，坚冰堵塞大川；
想登太行山，大雪遍布高山。
遥想当年，姜太公磻（pán）溪垂钓，得遇重才的文王；
伊尹乘舟梦日，受聘在明君商汤身边。
人生的道路何等艰难，何等艰难！
歧路纷杂，真正的大道究竟在哪边？
坚信乘风破浪的时机定会到来，
到那时，将扬起征帆远渡碧海青天。

5. 英译

Hard is the Way of the World　by Li Bai

Pure wine in golden cup costs ten thousand coins, good!
Choice dish in a jade plate is worth as much, nice food!
Pushing aside my cup and chopsticks I can't eat,
Drawing my sword and looking around, I hear my heart beat.

I can't cross the Yellow River, ice has stopped its flow;
I can't climb Mount Taihang , the sky is blinding with snow.
I poise a fishing-pole with ease on the green stream
Or set sail for the sun like the sage in a dream.
Hard is the way. Hard is the way
Don't go astray! Whither today?
A time will come to ride the wind and cleave the waves;
I'll set my cloud-like sail to cross the sea which raves.

6. 赏析

李白 42 岁时，被招到长安，自以为可以宏图大展，岂知皇帝仅仅把他当做一位文学侍臣。在现实政治中，李白无所作为，受到排挤，他感觉到人生道路的艰难险阻，一气写了三首《行路难》。《行路难（其一）》写滞留长安的日常生活和内心郁积的愤恨。

这首诗一共十四句，八十二个字，在七言歌行中只能算是短篇，但跳荡纵横，具有长篇的气势格局。原因之一，在于它百步九折地揭示了诗人感情的激荡起伏、复杂变化。

诗一开头，“金樽清酒”“玉盘珍羞”，让人感觉似乎是一个欢乐的宴会，但紧接着“停杯投箸”“拔剑四顾”两个细节，就显示了感情波涛的强烈冲击。

中间四句，刚刚慨叹“冰塞川”“雪满山”，又恍然神游千载之上，仿佛看到了姜尚、伊尹由微贱而忽然得到君主重用。

诗人心理上的失望与希望、抑郁与追求，急剧变化交替。“行路难！行路难！多歧路，今安在?”四句节奏短促、跳跃，完全是急切不安状态下的内心独白，逼真地传达出进退失据而又要继续探索追求的复杂心理。

结尾二句，唱出高昂乐观的调子，相信自己的理想抱负总有实现的一天。

通过层层迭迭的感情起伏变化，充分显示了黑暗污浊的政治现实对诗人的宏大理想抱负的阻遏，反映了由此而引起的诗人内心的强烈苦闷、愤郁和不平，同时又突出表现了诗人的倔强、自信和他对理想的执着追求，展示了诗人力图从苦闷中挣脱出来的强大精神力量。

◎ 重要概念

李白诗风

本课练习题及答案

第八单元　杜甫的诗（上）

内容提要

唐诗知识

诗圣杜甫　杜甫诗歌内容

赏析篇目

1. 杜甫《绝句》（两个黄鹂鸣翠柳）

2. 杜甫《绝句》（江碧鸟逾白）

泛读篇目

杜甫《望岳》

第一节　唐诗知识

一、诗圣杜甫

杜甫（712—770年），字子美，祖籍襄阳，自其曾祖时迁居河南巩县。祖父杜审言。自号少陵野老。唐代伟大的现实主义诗人，与李白合称“李杜”。

杜甫出身官宦世家，幼年生活安定富足，自幼好学，受到良好教育，祖父杜审言是著名诗人。青年时正值“开元盛世”，他游历吴、越、齐、赵各地，过了几年“裘马轻狂”的“快意”生活。35岁到长安，仕途不顺，10年间，官阶低微，穷困不得志。

安史之乱爆发，长安沦陷，杜甫陷城中，后逃出投奔肃宗李亨，任左拾遗。49岁时，弃官携家入川，在成都郊外建草堂定居，由好友严武保荐，任检校工部员外郎（因此常被称为杜工部）。流落四川八年，57岁时出川，辗转湖北、湖南各地，59岁时，在岳阳附近病死舟中。

杜甫生当唐王朝由盛转衰时期，他的诗深刻反映了安史之乱前后的现实生活和社会矛盾。杜甫是我国古典诗歌的集大成者，诸体兼善，无体不工，沉郁顿挫，律切精深，达到出神入化的境地，影响深远。后人尊称其为“诗圣”，其诗被誉为“诗史”。作品集《杜工部集》。

二、杜甫诗歌内容

杜甫生活在唐朝由盛转衰的历史时期，其诗多涉及社会动荡、政治黑暗、人民疾苦，他的诗反映当时社会矛盾和人民疾苦，记录了唐代由盛转衰的历史巨变，表达了崇高的儒家仁爱精神和强烈的忧患意识。分述如下：

一是抒发理想怀抱。杜甫的思想核心是儒家的仁政思想，他有“致君尧舜上，再使风俗淳”的宏伟抱负。杜甫一生心系苍生，胸怀国事。在《望岳》中，有“会当凌绝顶，一览众山小”的诗句，不仅写泰山的雄伟，也表现出诗人的雄心壮志。

二是表现社会苦难。杜甫存诗1450余首，很多是传颂千古的现实主义诗歌杰作。著名的“三吏”“三别”（《新安吏》《石壕吏》《潼关吏》，《新婚别》《无家别》《垂老别》），全面反映了安史之乱给百姓带来的深重苦难。如《无家别》：用第一人称，写一个当兵归来的青年农民，在安史之乱后返家，看到家乡已面目全非，乡邻零落逃亡，一片惨象，村里成了狐狸野兽的乐园，它们反客为主，竖毛发怒，怪青年的哭声搅乱了它们的安宁。在百无聊赖中，他挣扎干活，然而，县吏又召他去练兵。他一无所有，一无所恋，想起已经死去的母亲，心中有刻骨的遗恨。人生到了这种无家可别的程度，百姓还怎么活下去呢？

三是抨击时政，忧国忧民。杜甫一生仕途不顺，饱受贫困离乱之苦，他以亲身经历，推己及人，表现社会的苦难、时代的苦难。如《茅屋为秋风所破歌》，叙述自己的茅屋被秋风所破，全家遭雨淋的痛苦经历，由个人的艰苦处境，联想到其他人的类似处境，发出“安得广厦千万间，大庇天下寒士俱欢颜”的强烈呼吁，体现了诗人忧国忧民的崇高境界。再如长诗《自京赴奉先县咏怀

五百字》，对最高统治集团奢侈淫靡的生活进行了尖锐的揭露，极度的社会不平，使诗人写出千古传诵的“朱门酒肉臭，路有冻死骨”的诗句。

四是书写自然山水和生活情趣等。杜甫年轻时，有过十一年的漫游生活，他以诗歌形式写下多首应酬诗、咏怀诗，以及反映羁旅、宴游、山水、生活情趣的诗歌。

总之，杜甫的诗，具有丰富的社会内容、强烈的时代色彩和鲜明的政治倾向，真实深刻地反映了安史之乱前后唐代政治时事和广阔的社会生活画面，被称为“诗史”，当之无愧。

第二节　赏析篇目

一、杜甫《绝句》（两个黄鹂鸣翠柳）

1. 原诗

绝句（两个黄鹂鸣翠柳）　杜甫

两个黄鹂鸣翠柳，一行白鹭上青天。

窗含西岭千秋雪，门泊东吴万里船。

2. 拼音

jué jù（ liǎng gè huáng lí míng cuì liǔ ）　dù fǔ

liǎng gè huáng lí míng cuì liǔ ，yì háng bái lù shàng qīng tiān 。

chuāng hán xī lǐng qiān qiū xuě ，mén bó dōng wú wàn lǐ chuán 。

3. 注释

（1）西岭：西岭雪山。千秋雪：指西岭雪山上千年不化的积雪。

（2）泊：停泊。东吴：古时候吴国的领地，江苏省一带。万里船：不远万里开来的船只。

4. 汉译

两只黄鹂在翠绿的柳树间婉转歌唱，

一队整齐的白鹭直冲向蔚蓝的天空。

坐在窗前，望见西岭上堆积着终年不化的积雪，

门前停泊着自万里外的东吴远行而来的船只。

5. 英译

Quatrain（Two golden orioles sing） by Du Fu

On a green willow, two golden orioles sing;

Into the blue sky, a file of white egrets wing.

Framed in my window, the West Range's ancient snows.

Moored next to my door, the far-distant Dong Wu's scows.

6. 赏析

这首《绝句》描写了草堂周围明媚秀丽的春天景色。公元762年，由于安史之乱，杜甫避往梓州。叛乱平定后，杜甫回到成都草堂。当时心情很好，面对一派生机，情不自禁写下这首即景小诗。

前两句，以不同的角度对美景细微刻画。两个黄鹂鸟儿成双成对，构成了一幅具有喜庆气息的画面，翠是新绿，是初春时节万物复苏、萌发生机时的颜色。一行白鹭在这个清新的天际中飞翔，自由自在，还有一种向上的奋发。"两"和"一"相对；一横一纵，非常明媚的自然景色。"鸣"字传神，拟人手法。黄鹂居柳上而鸣，白鹭飞翔上天，空间开阔，由下而上，由近而远，显出早春生机。

第三句，"窗含西岭千秋雪"，正是早春之际，诗人凭窗远眺，冬季的秋雪欲融未融，给人以湿润的感受，看到窗前初融的冰雪，想起草堂近旁西岭山上的长久积雪，意境更为广远。

末句写出杜甫当时的复杂心情。船来自"东吴"，表战乱平定，交通恢复，诗人睹物生情，想念故乡。"泊"字暗含杜甫多年来飘泊不定之意，处于希望与失望之间的复杂心情。作者借东吴代指孙权，暗示了杜甫对当朝皇帝的希望。

全诗一句一景，诗人的内在情感一以贯之，以清新轻快的景色寄托诗人内心复杂的情绪，构成一个统一的意境。

诗的上联是对仗句，用了"黄""翠""白""青"四种鲜明的颜色，织成一幅绚丽的图景。首句还有声音的描写，传达出无比欢快的感情。

诗的下联也是对仗句。“千秋雪”对“万里船”，意味深长。时间之久对空间之广。诗人身在草堂，思接千载，视通万里，胸襟何等开阔！

二、杜甫《绝句》(江碧鸟逾白)

1. 原诗

绝句（江碧鸟逾白）　杜甫

江碧鸟逾白，山青花欲燃。
今春看又过，何日是归年？

2. 拼音

jué jù（jiāng bì niǎo yú bái）　dù fǔ

jiāng bì niǎo yú bái，shān qīng huā yù rán。
jīn chūn kàn yòu guò，hé rì shì guī nián？

3. 注释

(1) 花欲燃：花红似火。

4. 汉译

江水碧波浩荡，衬托水鸟雪白羽毛，
山峦郁郁苍苍，红花相映，便要燃烧。
今年春天眼看就要过去，
何年何月才是我归乡的日期？

5. 英译

Quatrain（Against blue water birds appear more white）　by Du Fu

Against blue water birds appear more white
On green mountains red flowers seem to burn
Alsa！I see another spring in flight
O when will come the day my return?

6. 赏析

《绝句》是杜甫为避安史之乱，漂泊西南，在四川草堂时所作的一组咏物诗。

这是其中的第二首，抒发了羁旅异乡的感慨。

“江碧鸟逾白，山青花欲燃”，这是一幅风景画，漫江碧波荡漾，显露出白翎的水鸟，掠翅江面，一派怡人的风光。满山青翠欲滴，遍布的朵朵鲜花红艳无比，简直就像燃烧着一团旺火 。两句诗状江、山、花、鸟四景，并分别敷碧绿、青葱、火红、洁白四色，景象清新，令人赏心悦目。

可是，紧接下去，诗人笔路陡转，慨叹“今春看又过，何日是归年?”句中“看又过”三字直点写诗时节。春末夏初，景色不可谓不美，然而岁月荏苒，归期遥遥，非但引不起游玩的兴致，却反而勾起了漂泊的感伤。

此诗的艺术特点是以乐景写哀情，思归的感伤，通过客观景物与主观感受的不同来反衬。

杜集中有不少“以诗为画”的作品，这首五言绝句，就是极富诗情画意的佳作。在春色秀丽的美景上，涂了一层羁旅异乡的愁思和伤感，春色和乡思交相辉映，增添了诗的韵味。

第三节　泛读篇目

杜甫《望岳》

1. 原诗

望岳　杜甫

岱宗夫如何？齐鲁青未了。

造化钟神秀，阴阳割昏晓。

荡胸生曾云，决眦入归鸟。

会当凌绝顶，一览众山小。

2. 拼音

wàng yuè　dù fǔ

dài zōng fú rú hé ？qí lǔ qīng wèi liǎo 。

zào huà zhōng shén xiù ，yīn yáng gē hūn xiǎo 。

dàng xiōng shēng céng yún ，jué zì rù guī niǎo 。

huì dāng líng jué dǐng ，yì lǎn zhòng shān xiǎo 。

3. 注释

（1）岱宗：五岳之首，在今山东省泰安市城北。古代以泰山为五岳之首，诸山所宗，故又称“岱宗”。夫：读“fú”。语气词，强调疑问语气。如何：怎么样。

（2）齐、鲁：古代齐鲁两国以泰山为界，齐国在泰山北，鲁国在泰山南。后用齐鲁代指山东地区。青未了：指郁郁苍苍的山色无边无际，难以尽言。青，指苍翠、翠绿的美好山色。未了，不尽，不断。

（3）造化：大自然。钟：聚集。神秀：天地之灵气，神奇秀美。

（4）阴阳：阴指山的北面，阳指山的南面。这里指泰山的南北。割：分。夸张的说法。此句是说泰山很高，在同一时间，山南山北判若早晨和晚上。昏晓：黄昏和早晨。极言泰山之高，山南山北明暗完全不同。

（5）荡胸：心胸摇荡。曾：同“层”，重叠。

（6）决眦：眼角（几乎）要裂开。这是由极力张大眼睛远望归鸟所致。决，裂开。眦，眼角。入：收入眼底，即看到。

（7）会当：终当，定要。凌：登上。凌绝顶，即登上最高峰。

（8）小：形容词的意动用法，意思为“以……为小，认为……小”。

4. 汉译

泰山是如此雄伟，
青翠的山色望不到边际。
大自然在这里凝聚了一切钟灵神秀，
山南山北如同被分割为黄昏与白昼。
山中冉冉升起的云霞，荡涤着我的心灵，
极目追踪那暮归的鸟儿隐入了山林。
我一定要登上泰山的顶峰，俯瞰那众山，
而众山就会显得极为渺小。

5. 英译

Gazing on Mount Tai　by Du Fu

O peak of peaks, how high it stands!
One boundless green o'er spreads two States.
A marvel done by Nature's hands,
O'er light and shade it dominates.
Clouds rise therefrom and lave my breast;
My eyes are strained to see birds fleet.
Try to ascend the mountain's crest:
It dwarfs all peaks under our feet.

6. 赏析

《望岳》是杜甫青年时代的作品，充满了浪漫与激情。通过描绘泰山雄伟的景象，赞美了泰山高大的气势和神奇的景色，流露出对祖国山河的热爱，表达了诗人不怕困难、俯视一切、卓然独立的豪情壮志，洋溢着蓬勃向上的朝气。

首句“岱宗夫如何”写初见泰山时的惊叹仰慕，高兴得不知怎样形容才好，非常传神。

接下来“齐鲁青未了”一句，别出心裁地写出自己的体验——在古代齐鲁两大国的国境外还能望见远远横亘在那里的泰山，以距离之远来烘托泰山之高。

“造化钟神秀，阴阳割昏晓”两句，写近望中所见泰山的神奇秀丽和巍峨高大的形象，“钟”字写大自然把神奇和秀美都给了泰山。山前向日的一面为“阳”，山后背日的一面为“阴”（山南水北为“阳”，山北水南为阴）。由于山高，天色的一昏一晓被割于山的阴、阳面，所以说“割昏晓”。这是十分正常的自然现象，可诗人妙笔生花，用一个“割”字，写出了高大的泰山是一种主宰的力量，泰山顿时充满了雄浑之力，杜甫作诗“语不惊人死不休”的创作风格，也在此得到显现。

“荡胸生曾云，决眦入归鸟”两句，是写细望。见山中云气层出不穷，诗人心胸荡漾。“决眦”二字，生动体现了诗人在这神奇缥缈的景观面前像着了

迷似的，想把这一切看个够，看个明白，因而使劲地睁大眼睛张望，故感到眼眶有似决裂，其中蕴藏着诗人对祖国河山的热爱和赞美之情。

末句的“会当凌绝顶，一览众山小”两句，写诗人从望岳产生了登岳的想法，这一句再一次突出了泰山的高峻，写出了雄视一切的雄姿和气势，也表现出诗人的心胸气魄。正因为泰山的崇高伟大不仅是自然的，也是人文的，所以登上极顶的向往本身，也具备了双重的含义。

全诗以诗题中的“望”字统摄全篇，句句写望岳，但通篇并无一个“望”字，而能给人以身临其境之感，由远望到近望，再到凝望，最后是俯望。可见诗人的谋篇布局和艺术构思精妙奇绝。这首诗寄托虽然深远，但通篇只见登览名山之兴会，丝毫不见刻意比兴之痕迹，气骨峥嵘，体势雄浑。

◎ 重要概念

诗圣杜甫

本课练习题及答案

第九单元　杜甫的诗（下）

内容提要

唐诗知识

杜甫诗歌成就　沉郁顿挫

赏析篇目

1. 杜甫《江南逢李龟年》

2. 杜甫《月夜》

3. 杜甫《登高》

泛读篇目

杜甫《旅夜书怀》

第一节　唐诗知识

一、杜甫诗歌成就

1. 杜甫是中国古典诗歌的集大成者

杜甫具有深厚的文化修养、深刻的社会体验和广阔的观察视野。

其诗具有现实的内容、纯真的热情、深沉的激愤、凝重的格调。

他“读书破万卷”，善于学习和继承传统；写诗态度严肃认真，自言“语不惊人死不休”。

他的诗作，无论古体诗和近体诗，都达到炉火纯青的境界。

所谓“诗圣”，就是诗歌领域的圣人。3000 多年中国诗歌史，能当此称谓的，只有杜甫一人。

2. 杜甫扩大了诗歌题材，他的诗无事不可言，无意不可入

他对诗歌题材进行全面创新，诗到杜甫为一大变，从浪漫转向写实，并带动了知识分子文化心理和时代文化精神的重大变化。

因此，杜甫是中国文学史上继往开来的伟大诗人。

二、沉郁顿挫

杜甫诗歌风格多样，但以“沉郁顿挫”为主流，这是杜甫诗歌的基本特征。

沉郁，是指杜诗题材内容的博大和感情的悲慨深沉；顿挫，是诗歌表现手法的变化多端、反复低回。清人吴瞻泰《杜诗提要》：“沉郁者，意也，顿挫者，法也。”即是此意。

杜诗“沉郁顿挫”风格形成的原因如下：

杜甫是一位心系国家安危和民生疾苦的诗人，他的诗思想内容博大精深。动乱时代，个人的坎坷遭遇，变成对百姓苦难的深沉忧思，这种强烈的感情，在创作时，受他的仁者之心、儒家涵养和中和处世的心态影响，表现手法变得沉着蕴藉，出语曲折，韵律多变，读来觉得既波澜壮阔，又有无穷韵味。

如《自京赴奉先县咏怀五百字》：“杜陵有布衣，老大意转拙……”一气流转，婉转曲折，反反复复，笔笔顿挫，是杜诗沉郁顿挫风格的典型代表。

第二节　赏析篇目

一、杜甫《江南逢李龟年》

1. 原诗

江南逢李龟年　杜甫

岐王宅里寻常见，崔九堂前几度闻。

正是江南好风景，落花时节又逢君。

2. 拼音

jiāng nán féng lǐ guī nián　dù fǔ

qí wáng zhái lǐ xún cháng jiàn，cuī jiǔ táng qián jǐ dù wén。

zhèng shì jiāng nán hǎo fēng jǐng，luò huā shí jiē yòu féng jūn。

3. 注释

（1）江南：此谓江、湘之间，今湖南省一带。李龟年：唐朝开元、天宝年间的著名乐师，擅长唱歌。因为受到皇帝唐玄宗的宠幸而红极一时，常在贵族豪门歌唱。安史之乱后，李龟年流落江南，卖艺为生。

（2）岐王：唐玄宗李隆基的弟弟，本封岐王，以好学爱才著称，雅善音律。寻常：经常。

（3）崔九：崔涤，在兄弟中排行第九，中书令崔湜的弟弟。唐玄宗时，曾任殿中监，出入禁中，得玄宗宠幸。崔姓，是当时一家大姓，以此表明李龟年原来受赏识。

（4）落花时节：暮春，通常指阴历三月。落花的寓意很多，人衰老飘零、社会的凋敝丧乱都在其中。君：指李龟年。

4. 汉译

我的老友，你可记得，

岐王宅里，崔九堂前，

我们青春欢快的时辰。

如今，时空转换，

我们重逢在江南，

而年华老去一如落花飘零。

5. 英译

Coming Across a Disfavored Court Musician on the Southern Shore of The Yangtze River　by Du Fu

How often in princely mansions did we meet!

As often in lordly halls I heard you sing.

Now the Southern scenery is most sweet,

But I meet you again in parting spring.

6. 赏析

此诗约作于公元770年，杜甫在长沙。安史之乱后，杜甫漂泊江南一带，和流落的宫廷歌唱家李龟年重逢，回忆起往昔繁盛安适生活，感慨万千，写下这首诗。

诗的上联，“岐王宅里寻常见，崔九堂前几度闻。”字面上是追忆往昔与李龟年的接触，流露的却是对“开元全盛日”的深切怀念。“岐王宅里”“崔九堂前”，在杜甫和李龟年心目中，是两个当时的文艺名流经常雅集之处，是鼎盛的开元时期丰富多彩的精神文化活动之地，它们的名字就足以勾起诗人对“全盛日”的美好回忆，如今成了不可企及的梦境了，蕴含了天上人间的感慨。

下联，“正是江南好风景，落花时节又逢君。”风景秀丽的江南，在承平时代，原是诗人们所向往的快意之所。如今诗人置身其间，所面对的竟是满眼凋零的“落花时节”和白发苍苍的流落艺人。“落花时节”，一语双关，寄兴在有意无意之间。这四个字，暗喻了世运的衰颓、社会的动乱和诗人的衰病漂泊，但写来自然天成。加上“正是”和“又”这两个虚词一转一跌，在字里行间寓藏着对国事凋零、艺人颠沛流离的无限感慨。

这首七言绝句脍炙人口，是杜甫晚年创作生涯中的绝唱，历代好评众多，如清代邵长蘅评价说：“子美七绝，此为压卷。”仅仅四句，却概括了整个开元时期（713—741年）的时代沧桑、人生巨变。语极平淡，内涵却无限丰满。

附（赏析好文）

聚、散、离、合，是人世间的常情常态，敏感的诗人却从中读出了时代的盛衰、家国的兴亡。

“正是江南好风景，落花时节又逢君。”这句话写出了当时情景的凄凉。在过去诗人向往的江南，花纷纷落下，两个老友重逢。这多么感人呀！开元盛世已经成为历史，唐代开始走向衰落。在这首诗里透出一股悲伤之情。整首诗看似平常，却蕴含深意，一切尽在言外，绝妙，绝妙！让人感受到当时凄惨悲凉的情景。

于是，李龟年，这位流落江南的宫廷乐师，在杜甫笔下成为那个华丽而苍凉的时代的象征。

四句诗，从岐王宅里、崔九堂前的“闻”歌，到落花江南的重“逢”，“闻”“逢”之间，联结着四十年的时代沧桑、人生巨变。

尽管诗中没有一笔正面涉及时事身世，但透过诗人的追忆感喟，却表现出了给唐代社会物质财富和文化繁荣带来浩劫的那场大动乱的阴影，以及它给人们造成的巨大灾难和心灵创伤。可以说“世运之治乱，年华之盛衰，彼此之凄凉流落，俱在其中”。

二、杜甫《月夜》

1. 原诗

月夜　杜甫

今夜鄜州月，闺中只独看。
遥怜小儿女，未解忆长安。
香雾云鬟湿，清辉玉臂寒。
何时倚虚幌，双照泪痕干。

2. 拼音

yuè yè　dù fǔ

jīn yè fū zhōu yuè ，guī zhōng zhǐ dú kān 。
yáo lián xiǎo ér nǚ ，wèi jiě yì cháng ān 。
xiāng wù yún huán shī ，qīng huī yù bì hán 。
hé shí yǐ xū huǎng ，shuāng zhào lèi hén gān。

3. 注释

(1) 鄜 (fū) 州：今陕西省富县。当时杜甫的家人在鄜州羌村，杜甫在长安。

(2) 闺中：内室。看：读平声 kān。

(3) 怜：想。

(4) 未解：尚不懂得。

(5) “香雾”两句：写想象中妻子独自久立、望月怀人的形象。香雾，雾本来没有香气，因为香气从涂有膏沐的云鬟中散发出来，所以说“香雾”。望月已久，雾深露重，故云鬟沾湿，玉臂生寒。云鬟，古代妇女的环形发饰。清辉，明亮的月光。

(6) 虚幌 (huǎng)：透明的窗帷。

(7) 双照：与上面的“独看”对应，表示对未来团聚的期望。泪痕：眼泪留下的痕迹。

4. 汉译

孩子们还不懂得思念，今夜你在鄜州，
只能独看一片月色如霜。
雾湿云鬓，光寒玉臂，
什么时候我们才能在薄帏中偎依，
望着那皎洁的月光，不再泪水盈盈。

5. 英译

On a Moonlight Night　by Du Fu

Far off in Fuzhou
You are watching the lonely moon,
Alone from the window of her chamber.
For our children,
Poor little babes are too young to know.
Where the Capital is
Her cloudy hair is sweet with mist,

Her jade-white shoulder I cold

In the moonlight.

…When shall we get together again

With no more tears

Watching this bright moon on our screen?

6. 赏析

天宝十五年（756年）春，长安陷落，杜甫携家逃往鄜州羌村。七月，肃宗在灵武（今宁夏灵武）即位，杜甫即从鄜州奔向灵武，途中被叛军所俘，押回长安。八月，作者被禁长安，望月思家，作此诗。

首联想象妻子在鄜州望月思念自己，说透诗人在长安的思亲心情；颔联说儿女随母望月而不理解其母的思念亲人之情，表现诗人悬念儿女、体贴妻子之情；颈联写想象中的妻子望月长思，充满悲伤的情绪；尾联寄托希望，以将来相聚共同望月，反衬今日相思之苦。

这首诗题为“月夜”，字字都从月色中照出，而以“独看”“双照”为一诗之眼。“独看”是现实，却从对方着想，只写妻子“独看”鄜州之月而“忆长安”，而自己的“独看”长安之月而忆鄜州，已包含其中。“双照”兼含回忆与希望：感伤“今夜”的“独看”，回忆往日的同看。采用这种从对方设想的方式，妙在从对方那里生发出自己的感情，这种方法被后人当作法度。

诗人借看月而抒离情，不是通常情况下的夫妇离别之情。字里行间，表现出的是时代的特征，是离乱之痛和内心之忧。对月惆怅，忧叹愁思，而希望则寄托于不知“何时”的未来。

三、《登高》

1. 原诗

登高　杜甫

风急天高猿啸哀，渚清沙白鸟飞回。

无边落木萧萧下，不尽长江滚滚来。

万里悲秋常作客，百年多病独登台。

艰难苦恨繁霜鬓，潦倒新停浊酒杯。

2. 拼音

dēng gāo　dù fǔ

fēng jí tiān gāo yuán xiào āi，zhǔ qīng shā bái niǎo fēi huí。

wú biān luò mù xiāo xiāo xià，bú jìn cháng jiāng gǔn gǔn lái。

wàn lǐ bēi qiū cháng zuò kè，bǎi nián duō bìng dú dēng tái。

jiān nán kǔ hèn fán shuāng bìn，liáo dǎo xīn tíng zhuó jiǔ bái。

3. 注释

(1) 登高：农历九月九日为重阳节，历来有登高的习俗。

(2) 猿啸哀：指长江三峡中猿猴凄厉的叫声。

(3) 渚：水中的小洲；水中的小块陆地。鸟飞回：鸟在急风中飞舞盘旋。回，回旋。

(4) 落木：指秋天飘落的树叶。萧萧：风吹落叶的声音。

(5) 万里：指远离故乡。常作客：长期漂泊他乡。

(6) 百年：犹言一生，这里借指晚年。

(7) 艰难：兼指国运和自身命运。苦恨：极恨，极其遗憾。苦，极。繁霜鬓：增多了白发，如鬓边着霜雪。繁，这里作动词，增多。

(8) 潦倒：衰颓，失意。这里指衰老多病。新停：新近停止。重阳登高，例应喝酒。杜甫晚年因肺病戒酒，所以说“新停”。杯：为了押韵，可读 bái。

4. 汉译

天高风急猿声凄切悲凉，
清澈水中群鸥嬉戏盘旋。
无穷无尽的树叶纷纷落，
长江滚滚涌来奔腾不息。
悲对秋色感叹漂泊在外，
暮年多病我独自登高台。
深为憾恨鬓发日益斑白，
困顿潦倒病后停酒伤怀。

5. 英译

Climbing a Terrace　by Du Fu

Wind blusters high in the sky and monkeys wail;
Clear the islet with white sand where birds are wheeling;
Everywhere the leaves fall rustling from the trees,
While on forever rolls the turbulent Yangtze.
All around is autumnal gloom and I, long from home,
A prey all my life to ill heath, climb the terrace alone;
Hating the hardships which have frosted my hair,
Sad that illness has made me give up the solace of wine.

6. 赏析

《登高》是杜甫的杰作，清代杨论推崇此诗为“杜集七言律诗第一”。明人胡应麟更说此诗“当为古今七言律第一”。全诗通过对凄清的秋景的描写，抒发了诗人年迈多病、感时伤世和寄寓异乡的悲苦。

前四句写登高见闻。

首联，千古流传的佳句。天、风，沙、渚，猿啸、鸟飞，天造地设，自然成对。不仅上下两句对，而且还有句中自对，如上句“天”对“风”，“高”对“急”；下句“沙”对“渚”，“白”对“清”，读来富有节奏感。

颔联集中表现了夔州秋天的典型特征。诗人仰望漫无边际、萧萧而下的落叶，俯视奔流不息、滚滚而来的江水，写景同时，抒发情怀。“无边”“不尽”，使“萧萧”“滚滚”更加形象化，不仅使人联想到落木窸窣之声，长江汹涌之状，也无形中传达出韶光易逝、壮志难酬的感伤。透过沉郁悲凉的对句，显示出神入化之笔力，前人把它誉为“古今独步”的“句中化境”，是有道理的。

颈联点出一个“秋”字。“独登台”，则表明诗人是在高处远眺，这就把眼前景和心中情紧密地联系在一起了。“常作客”，指出了诗人飘泊无定的生涯。“百年”，本喻有限的人生，此处专指暮年。“悲秋”两字写得沉痛。秋天不一定可悲，只是诗人目睹苍凉的秋景，不由想到自己沦落他乡、年老多病的处境，故生出无限悲愁之绪。

此联的“万里”“百年”和上一联的“无边”“不尽”，还有相互呼应的作用：诗人的羁旅愁与孤独感，就像落叶和江水一样，推排不尽，驱赶不绝，情与景交融相洽。诗到此，已给作客思乡的一般含意添上久客孤独的内容，增入悲秋苦病的情思，加进离乡万里、人在暮年的感叹，诗意越发深沉了。

尾联对结，并分承五六两句。诗人备尝艰难潦倒之苦，国难家愁，使自己白发日多，再加上因病断酒，悲愁就更难排遣。本来兴致盎然地登高望远，此时却平白无故地惹恨添悲，诗人的矛盾心情是容易理解的。前六句“飞扬震动”，到此处“软冷收之，而无限悲凉之意，溢于言外”（《诗薮》）。

此诗八句皆对。粗略一看，首尾好像“未尝有对”，胸腹好像“无意于对”。仔细玩味，“一篇之中，句句皆律，一句之中，字字皆律”。不只“全篇可法”，而且“用句用字”，“皆古今人必不敢道，决不能道者”。它能博得“旷代之作”（均见胡应麟《诗薮》）的盛誉，就是理所当然的了。

第三节　泛读篇目

杜甫《旅夜书怀》

1. 原诗

旅夜书怀　杜甫

细草微风岸，危樯独夜舟。
星垂平野阔，月涌大江流。
名岂文章著，官应老病休。
飘飘何所似，天地一沙鸥。

2. 拼音

lǚ yè shū huái　dù fǔ

xì cǎo wēi fēng àn ，wēi qiáng dú yè zhōu 。
xīng chuí píng yě kuò ，yuè yǒng dà jiāng liú 。
míng qǐ wén zhāng zhù，guān yīng lǎo bìng xiū 。
piāo piāo hé suǒ sì ，tiān dì yì shā ōu 。

3. 注释

(1) 书怀：书写胸中意绪。

(2) 岸：指江岸边。

(3) 危樯（qiáng）：高高的船桅杆。独夜舟：是说自己孤零零的一个人夜泊江边。

(4) 星垂平野阔：星空低垂，原野显得格外广阔。

(5) 月涌：月亮倒映，随水流涌。大江：指长江。

(6) 名：名声。文章著：因文章而著名。

(7) 官应老病休：官倒是因为年老多病而被罢退。应，认为是、是。

(8) 飘飘：飞翔的样子，这里借沙鸥写人的漂泊，含有“飘零”“飘泊”的意思。

4. 汉译

微风吹拂着岸边的细草，
高耸桅杆的小舟停江边。
星星垂向广袤空旷平野，
明月照射着奔流的大江，
我是因会写文章才得名，
撤职是因为我年老体弱。
我漂泊的生涯像什么呢？
就如天地间孤飞的沙鸥。

5. 英译

Mooring a Night　by Du Fu

Riverside grass caressed by wind so light,
A lonely mast seems to pierce lonely night.
The boundless plain fringed with stars hanging low,
The moon surges with the river on the flow.
Will fame ever come to a man of letters,
Old, ill, retired, no official life betters,
What do I look like, drifting on so free?
A wild gull seeking shelter on the sea.

6. 赏析

这首诗既写旅途风景，更感伤老年多病、漂泊无依的心境。

首联写江夜近景，刻画了孤舟月夜的寂寞境界。微风吹拂着江岸上的细草，竖着高高桅杆的小船在月夜孤独地停泊着。当时杜甫离开成都是迫于无奈。这一年的正月，他辞去节度使参谋职务，四月，在成都赖以存身的好友严武死去。处此凄孤无依之境，便决意离蜀东下。因此，这里不是空泛地写景，而是寓情于景，通过写景展示他的境况和情怀：像江岸细草一样渺小，像江中孤舟一般寂寞。

颔联写远景，雄浑阔大。“星垂”烘托出原野之广阔，“月涌”渲染出江流的气势，明星低垂，平野广阔；月随波涌，大江东流。这两句写景雄浑阔大，历来为人所称道。实际上，诗人写辽阔的平野、浩荡的大江、灿烂的星月，正是为了反衬出他孤苦伶仃的形象和颠连无告的凄怆心情。这种以乐景写哀情的手法，在古典作品中是经常使用的。

颈联正话反说，抒发休官的忧愤。有点名声，哪里是因为我的文章好呢？做官，倒应该是因为年老多病而退休。这是反话，立意至为含蓄。诗人素有远大的政治抱负，但长期被压抑而不能施展，因此声名竟因文章而著，这实在不是他的心愿。杜甫此时确实是既老且病，但他的休官，却主要不是因为老和病，而是由于被排挤。这里表现出诗人心中的不平，同时揭示出政治上失意是他飘泊、孤寂的根本原因。

尾联诗人以沙鸥自比，漂泊江湖，声声哀叹，感人至深。

全诗前二联点明“旅夜”，后二联紧扣“书怀”，景中有情，融情于景，内容深刻，格调清丽，结构谨严，是杜甫诗歌中的经典作品。

◎ 重要概念

沉郁顿挫

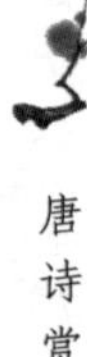

本课练习题及答案

第四编　中唐诗

中唐：公元767—835，唐代宗—唐文宗时期

第十单元　中唐诗赏析（一）

内容提要

唐诗知识

中唐诗坛略述　大历十才子　韩孟诗派

赏析篇目

1. 韩愈《早春呈水部张十八员外（其一）》

2. 孟郊《游子吟》

3. 刘长卿《逢雪宿芙蓉山主人》

泛读篇目

1. 崔护《题都城南庄》

2. 韩翃《寒食》

第一节　唐诗知识

一、中唐诗坛略述

中唐时期，元结、顾况等人的诗，继承了杜甫同情人民、批判现实的精神，诗风质朴，词意深挚。刘长卿、韦应物主要以山水诗见称，风格含蓄温和，清雅洗练，皆自成一家。当时影响较大的是“大历十才子”。

贞元元和年间，是唐诗在盛唐之后的第二个诗歌创作高峰。这个时期，名家辈出，流派分立，诗人们着力于诗歌创作新途径的开辟、新技法的探寻，创作出了大量极富创新意味的诗歌。

元白诗派的代表白居易、元稹等倡导“新乐府运动”，张籍、王建较早从事乐府诗创作，他们继承发展杜甫的现实主义传统，以批判现实为主旨，写下大量政治讽喻诗。

其他如韩愈、孟郊、柳宗元、刘禹锡、李贺等，在艺术上也有各自的创造。

韩孟一派努力探索诗歌的新形式、新风格，或气象阔大，或思力深刻，或奇崛险怪，或笔力峭拔；有的有散文倾向，有的流于艰涩怪诞，对宋诗影响很大。

柳宗元的山水诗意境深沉，情致委婉。

刘禹锡的《竹枝词》富有民歌风味，开朗流畅，都有鲜明特色。

贾岛以“苦吟”著名，李贺则在语言形象上精思独造，形成独特的浪漫主义风格。

二、大历十才子

大历十才子指唐代宗大历年间10位诗人所代表的一个诗歌流派。

其共同特点是偏重诗歌形式技巧。据姚合《极玄集》和《新唐书》载：十才子为李端、卢纶、吉中孚、韩翃、钱起、司空曙、苗发、崔洞（一作峒）、耿湋、夏侯审。有版本中有李益。

大历十才子的诗多寄情山水，格律规整，题材较窄，盛唐雄浑诗风由此一变而为清远孤寂。

三、韩孟诗派

韩孟诗派是中唐时期影响很大的诗派，代表诗人是韩愈、孟郊，还包括贾岛、卢仝、姚合、李贺、刘叉等。他们继承并发展了杜甫“语不惊人死不休”的一面，自创新格，另辟蹊径。

创作态度上，他们“用思艰险”，崇尚“苦吟”，不平则鸣。

诗歌风格上，他们追求奇崛险怪、雄奇怪异之美。

思想内容上，多抒写个人的遭遇，揭示社会的弊端，直接反映现实较少。

第二节　赏析篇目

一、韩愈《早春呈水部张十八员外（其一）》

1. 作者简介

韩愈（768—824年），字退之，河南河阳（今河南孟州）人。世称“韩昌黎”“昌黎先生”。杰出的文学家、思想家、哲学家、政治家。韩愈是唐代古文运动的倡导者，被后人尊为“唐宋八大家”之首，与柳宗元并称“韩柳”，有“文章巨公”和“百代文宗”之名。

韩诗多长篇古诗，其中不乏揭露现实矛盾、表现个人失意的佳作，也有清新、富神韵、近似盛唐人的诗，如《晚雨》《盆池五首》《早春呈水部张十八员外（其一）》。

2. 原诗

早春呈水部张十八员外（其一）　韩愈

天街小雨润如酥，草色遥看近却无。

最是一年春好处，绝胜烟柳满皇都。

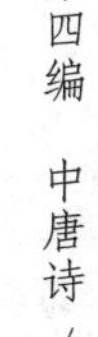

3. 拼音

zǎo chūn chéng shuǐ bù zhāng shí bā yuán wài（qí yī）　hán yù

tiān jiē xiǎo yǔ rùn rú sū，cǎo sè yáo kàn jìn què wú。

zuì shì yī nián chūn hǎo chù，jué shèng yān liǔ mǎn huáng dū。

4. 注释

（1）呈：恭敬地送给。水部张十八员外：指张籍（767—830年），唐代诗人。在同族兄弟中排行第十八，曾任水部员外郎。

（2）天街：京城街道。润如酥：细腻如酥。酥，动物的油，这里形容春雨的细腻。

（3）最是：正是。处：时。

（4）绝胜：远远胜过。皇都：帝都，这里指长安。

5. 汉译

京城大道上丝雨纷纷，
它像酥油般细密而滋润，
远望草色依稀连成一片，
近看时却显得稀疏零星。
这是一年中最美的季节，
远胜过绿柳满城的春末。

6. 英译

Early Spring by Han Yu

On the royal street
The fine rain is as soft as cream,
There grass is like mist
More felt than seen.
It's the best time of a year
Far better than late spring
When the capital is veiled with willows.

7. 赏析

此诗作于唐穆宗长庆三年（823年）早春。时韩愈56岁，任吏部侍郎，刚平息了一场叛乱，心情很好。约张籍游春，张籍推辞，韩愈于是作这首诗寄赠，极言早春景色之美，希望触发张籍的游兴。

首句点出初春小雨，以“润如酥”来形容它的细滑润泽，准确地捕捉到了春雨特点，造句清新优美，与杜甫的“好雨知时节，当春乃发生。随风潜入夜，润物细无声”有异曲同工之妙。

第二句写草沾雨后的朦胧景象。远看似有，近看却无，写出了春草刚刚发芽时，若有若无、稀疏矮小的特点。这一句是全篇中的绝妙佳句。诗人像一位高明的水墨画家，挥洒妙笔，隐隐泛出了那一抹青青之痕——早春的草色。

第三、四句对初春景色大加赞美：早春的小雨和草色是一年春光中最美的东西，远远超过了烟柳满城的衰落的晚春景色。

这首诗刻画细腻，造句优美，构思新颖，给人舒适和清新之美。咏早春，又抓住了早春之魂，这种美感趣味，是绘画所不能及的。

二、孟郊《游子吟》

1. 作者简介

孟郊（751—814 年），字东野。湖州武康（今浙江德清）人。孟郊四十六岁时才中进士，曾任溧阳县尉。不能舒展抱负，遂放迹林泉间，徘徊赋诗。晚年生活多在洛阳度过。唐宪宗元和九年，偕妻赴任途中，暴病而死。

孟诗现存 500 多首，以短篇五古最多。多写世态炎凉、民间苦难，故有“诗囚”之称，与贾岛齐名，并称“郊寒岛瘦”。今传《孟东野诗集》10 卷。

2. 原诗

游子吟　孟郊

慈母手中线，游子身上衣。
临行密密缝，意恐迟迟归。
谁言寸草心，报得三春晖。

3. 拼音

yóu zǐ yín　mèng jiāo

cí mǔ shǒu zhōng xiàn ，yóu zǐ shēn shàng yī 。
lín xíng mì mì féng ，yì kǒng chí chí guī 。
shuí yán cùn cǎo xīn ，bào dé sān chūn huī 。

4. 注释

（1）游子：古代称远游旅居的人。吟：诗体名称。

（2）临：将要。

（3）意恐：担心。归：回来，回家。

（4）谁言：一作“难将”。言，说。寸草：小草。这里比喻子女。心：语义双关，既指草木的茎干，也指子女的心意。

（5）报得：报答。三春晖：春天灿烂的阳光，指慈母之恩。三春，旧称农历正月为孟春，二月为仲春，三月为季春，合称三春。晖，阳光。形容母爱如春天温暖、和煦的阳光照耀着子女。

5. 汉译

慈母用手中的针线，

为远行的儿子赶制身上的衣衫。
临行前一针针密密地缝缀，
怕的是儿子回来得晚，衣服破损。
有谁敢说，子女像小草那样微弱的孝心，
能够报答得了像春晖普泽的慈母恩情呢？

6. 英译

Song of the Parting Son　By Meng Jiao

From the threads a mother's hands weaves
A gown for parting son is made,
Sown stitch by stitch before he leaves
For fear his return be delayed,
Such kindness as young grass receives
From the warm sun can't be repaid?

7. 赏析

这是一首母爱的颂歌。写于溧阳（今属江苏）。孟郊一生贫困潦倒，五十岁时才得到了一个溧阳县尉的小官，便将母亲接来同住。诗人饱尝世态炎凉，此时愈觉亲情之可贵。

开头两句，实际上是两个词组，而不是两个句子，从人写到物，用“线”与“衣”两件极常见、最普通的东西，将“慈母”与“游子”紧紧联系在一起，写出母子相依为命的骨肉之情。

紧接两句“临行密密缝，意恐迟迟归”，写出了人的动作和意态，把笔墨集中在慈母上。这里通过慈母为游子赶制出门衣服的动作和心理的刻画，深化母子的骨肉之情。行前的此时此刻，母亲的针针线线“密密缝”是因为怕儿子“迟迟”难归。既没有言语，也没有眼泪，只有母爱的纯情。

最后两句是前四句的升华，“谁言寸草心，报得三春晖。”作者直抒胸臆，对母爱做尽情的讴歌。这两句采用传统的比兴手法：儿女像小草，母爱如春天阳光。儿女不能报答母爱于万一。悬绝的对比，形象的比喻，寄托着赤子对慈母发自肺腑的炽烈的情感。

全诗采用白描的手法，回忆自己临行前母亲缝衣的场景，歌颂了母爱的伟大与无私，表达了诗人对母亲深深的爱与尊敬。

此诗情感真挚自然，淳朴素淡的语言中，蕴含着浓郁醇美的诗味，千百年来广为传诵。

三、刘长卿《逢雪宿芙蓉山主人》

1. 作者简介

刘长卿（709—789年），字文房，河间（今属河北）人。唐玄宗天宝年间进士。肃宗至德中官监察御史，苏州长洲县尉，代宗大历中任转运使判官，知淮西、鄂岳转运留后，又被诬再贬睦州司马。因刚而犯上，两度迁谪。德宗建中年间，官终随州刺史，世称刘随州。

刘长卿工于诗，长于五言，自称“五言长城”。名作《逢雪宿芙蓉山主人》。

2. 原诗

逢雪宿芙蓉山主人　刘长卿

日暮苍山远，天寒白屋贫。
柴门闻犬吠，风雪夜归人。

3. 拼音

féng xuě sù fú róng shān zhǔ rén　liú cháng qīng
rì mù cāng shān yuǎn，tiān hán bái wū pín。
chái mén wén quǎn fèi，fēng xuě yè guī rén。

4. 注释

（1）逢：遇上。宿：投宿；借宿。芙蓉山主人：指湖南桂阳或宁乡的芙蓉山。主人，指留诗人借宿者。

（2）苍山远：青山在暮色中影影绰绰显得很远。苍，青色。

（3）白屋：未加修饰的简陋茅草房。一般指贫苦人家。

（4）犬吠：狗叫。

5. 汉译

黄昏，苍白的山愈发淡远，
清贫的小屋前，狗吠叫着寒冷。
今夜，我和风和雪，一同叩响你的门扉。

6. 英译

Staying in Lotus Hill on a Snowy Night　by Liu Changqing

It's sunset and the grey mount seems far,
Cold and deserted the cottages are,
At the gate a dog is heard to bark,
With wind and snow
I come when it's dark.

7. 赏析

大约在唐代宗大历八年至十二年间的一个秋天，刘长卿受人诬陷获罪，被贬为睦州司马。严冬，遭贬之后，写下这首诗。

这是一幅风雪夜归图。前两句，写诗人投宿山村时的所见所感。后两句写诗人投宿主人家以后的情景。全诗语言朴实浅显，写景如画，叙事虽然简朴，含意十分深刻。

首句以“日暮苍山远”五个字勾画出一个暮色苍茫、山路漫长的画面。“远”字，点活画面、托出诗境，行人在暮色来临的山路上行进，孤寂劳顿，急于投宿的心情跃然纸上。

次句“天寒白屋贫”是对这户人家的写照；“贫”字，应当是从遥遥望见茅屋到叩门入室后形成的印象。“日暮”“天寒”，都是增多诗句层次、加重诗句分量的写法。漫长的山路，本来已经使人感到行程遥远，又眼看日暮，就更觉得遥远；简陋的茅屋，本来已经使人感到境况贫穷，再时逢寒冬，就更显出贫穷。

后两句诗“柴门闻犬吠，风雪夜归人”，出人意外地展现了一个在万籁俱寂中，忽见喧闹的犬吠、人归的场面，给人以平地上突现奇峰之感。

写作手法上，前半首是景，后半首从声下笔。夜已来临，人已就寝，就不可能再写所见，而声音不只是犬吠声，一定还有风雪声、叩门声、柴门启闭声、家人回答声，等等。从这一片嘈杂的声音，足以构想出一幅风雪人归的画面。

全诗纯用白描手法，语言朴实无华，格调清雅淡静，却具有悠远的意境与无穷的韵味。明代《批点唐音》评这首诗：此所谓真语真情者，清语古调。

第三节　泛读篇目

一、崔护《题都城南庄》

1. 作者简介

崔护（？—831年），字殷功，蓝田（今属陕西）人。贞元进士，官至御史大夫、岭南节度使。其诗精练婉丽，语极清新。《全唐诗》存诗6首，皆是佳作，尤以《题都城南庄》出名，被传为“人面桃花”故事。

2. 原诗

题都城南庄　崔护

去年今日此门中，人面桃花相映红。
人面不知何处去，桃花依旧笑春风。

3. 拼音

tí dōu chéng nán zhuāng　cuī hù

qù nián jīn rì cǐ mén zhōng，rén miàn táo huā xiāng yìng hóng。
rén miàn bù zhī hé chù qù，táo huā yī jiù xiào chūn fēng。

4. 注释

（1）都：国都，指唐朝京城长安。

（2）人面：指姑娘的脸。第三句中“人面”指代姑娘。

（3）去：一作“在”。

（4）笑：形容桃花盛开的样子。

5. 汉译

今日的柴门，深锁着昨天的记忆，
青春的娇羞映衬着桃花的俏丽。
而你在哪里？
春风桃李间，我感受着你的气息。

6. 英译

A Year ago Today We Meet in the Villa by Cui Hu

Her pretty face and the peach
Blossoms glowed each other,
Now she is in another place
Nobody knows where.
Only the peach blossoms are left to smile
In the spring breeze.

7. 赏析

所谓“一诗定诗名”，崔护以这一首诗，名垂青史。

此诗虽然短小，但婉曲隽永，耐人回味。

如果诗人只写桃花，诗中就不见人情；如果诗人只写人面，诗中就不见颜色。“人面桃花相映红”一句，将人与花交织在一起，因为有人，桃花更有生气，因为有花，美人更添娇艳。

尽管这首诗有某种情节性，有富于传奇色彩的“本事”（崔护与桃花女的爱情故事），甚至带有戏剧性，但它并不是一首叙事诗，而是一首抒情诗。“本事”可能有助于它的广泛流传，但它本身所具的典型意义却在于诠释了一种具有普遍性的人生体验：在偶然、不经意的情况下，遇到某种美好事物，而当自己有意去追求时，却再也不可复得。也许这正是这首诗名垂千古的原因之一。

二、韩翃《寒食》

1. 作者简介

韩翃（生卒年不详），唐代诗人。字君平，南阳（今河南南阳）人。天宝进士。官至中书舍人，为“大历十才子”之一，其诗多酬赠送别之作。

2. 原文

寒食　韩翃

春城无处不飞花，寒食东风御柳斜。
日暮汉宫传蜡烛，轻烟散入五侯家。

3. 拼音

hán shí　hán hóng

chūn chéng wú chù bù fēi huā，hán shí dōng fēng yù liǔ xiá。

rì mù hàn gōng chuán là zhú，qīng yān sàn rù wǔ hóu jiā。

4. 注释

（1）春城：暮春时的长安城。

（2）寒食：古代在清明节前两天的节日，禁火三天，只吃冷食，所以称寒食。御柳：御苑之柳，皇城中的柳树。

（3）汉宫：这里指唐朝皇宫。传蜡烛：寒食节普天下禁火，但权贵宠臣可得到皇帝恩赐而得到燃烛。

（4）五侯：汉成帝时封王皇后的五个兄弟皆为侯，受到特别的恩宠。这里泛指天子近幸之臣。

5. 汉译

暮春时节，长安城处处柳絮飞舞、落红无数，
寒食节的东风，吹拂着皇家花园的柳枝。
夜色降临，宫里忙着传蜡烛，
袅袅炊烟散入王侯贵戚的家里。

6. 英译

Cold Food Day　By Han Hong

Nowhere in vernal town but sweet flowers fly down;
Riverside willow trees slant in the eastern breeze.
At dusk the palace sends privilege candles red
To the five lordly mansions where wreaths of smoke spread.

7. 赏析

寒食是中国古代传统节日，在清明前两天。按照风俗，这一天家家禁火，只吃现成食物，故名寒食。唐代制度，到清明这天，皇帝宣旨取榆柳之火赏赐近臣，以示皇恩。

这首诗中有长安飞絮图和夜宫走烛图，白描写实，形象生动。据传唐德宗十分赏识这首诗。

前二句先写景。“春城无处不飞花，寒食东风御柳斜。”诗人立足高远，视野宽阔，全城景物，尽在望中。“春城”一语，高度凝练而华美。“春”是自然节候，城是人间都邑，这两者的结合，呈现出无限美好的景观。“无处不飞花”，是诗人抓住的典型画面。春意浓郁，笼罩全城。“飞花”，就是落花随风飞舞。这是典型的暮春景色。不说“落花”而说“飞花”，这是明写花而暗写风。一个“飞”字，蕴意深远。这首诗能传诵千古，主要是其中的警句“春城无处不飞花”，而这一句诗中最能耀人眼目者，就在一个“飞”字。

“寒食东风御柳斜”，春风吹遍全城，自然也吹入御苑。苑中垂柳也随风飘动起来了。风是无形无影的，它的存在，只能由花之飞、柳之斜来间接感知。一个“斜”字也是间接地写风。

第三、四句，“日暮汉宫传蜡烛，轻烟散入五侯家”是写实。寒食日，天下一律禁火，唯宫中可以燃烛。皇帝特许重臣“五侯”可破例燃烛，并直接自宫中将燃烛向外传送。能得到皇帝赐烛这份殊荣的自然不多，所以由汉宫（实指唐朝宫廷）到五侯之家，沿途飘散的“轻烟”会引起诗人的特别注意。

后两句旨在描写宫廷生活，并且写得轻灵跳脱，历来颇受赏识。

这首诗思绪绵密，结构严谨，用字精妙，准确传神，难怪会得到皇帝赏识。

◎ 重要概念

大历十才子　韩孟诗派

本课练习题及答案

第十一单元　中唐诗赏析（二）

内容提要

唐诗知识

新乐府运动　元白诗派

赏析篇目

1. 韦应物《滁州西涧》

2. 柳宗元《江雪》

3. 张继《枫桥夜泊》

泛读篇目

元稹《离思（其四）》（曾经沧海难为水）

第一节　唐诗知识

一、新乐府运动

新乐府运动是中唐诗歌革新运动，由唐代诗人白居易、元稹、张籍、李绅等所倡导，主张恢复古代的采诗制度，发扬《诗经》和汉魏乐府讽喻时事的传统，使诗歌起到“补察时政”“泄导人情”的作用，强调以自创的新的乐府题目咏写时事，故名。所谓新乐府，是相对汉乐府而言的，其含义就是以自创的新的乐府题目咏写时事。

新乐府诗的特点是：自创新题，咏写时事，体现汉乐府的现实主义精神。

二、元白诗派

元白诗派是中唐以元稹、白居易为代表的诗歌流派，他们重写实，尚通俗。他们发起新乐府运动，强调诗歌的惩恶扬善、补察时政功能，语言方面则力求通俗易解，走了一条与韩孟诗派完全不同的创作道路。

第二节　赏析篇目

一、韦应物《滁州西涧》

1. 作者简介

韦应物（737—791 年），字义博，京兆万年（今陕西西安）人。文昌右相韦待价曾孙，出身京兆韦氏逍遥公房。今传有十卷本《韦江州集》、两卷本《韦苏州诗集》，散文仅存 1 篇。因出任过苏州刺史，世称“韦苏州”。诗风恬淡高远，以善于写景和描写隐逸生活著称。

2. 原诗

滁州西涧　韦应物

独怜幽草涧边生，上有黄鹂深树鸣。
春潮带雨晚来急，野渡无人舟自横。

3. 拼音

chú zhōu xī jiàn　wéi yīng wù

dú lián yōu cǎo jiàn biān shēng，shàng yǒu huáng lí shēn shù míng。
chūn cháo dài yǔ wǎn lái jí，yě dù wú rén zhōu zì héng。

4. 注释

(1) 滁州：在今安徽滁州以西。西涧：在滁州城西，俗名称上马河。

（2）独怜：唯独喜欢。幽草：幽谷里的小草。幽，一作“芳”。生：一作“行”。

（3）深树：枝叶茂密的树。深，《才调集》作“远”。树，《全唐诗》注“有本作‘处’”。

（4）春潮：春天的潮汐。

（5）野渡：郊野的渡口。横：指随意飘浮。

5. 汉译

我喜爱生长在涧边的幽草，
黄莺在幽深的树丛中啼鸣。
春潮夹带着暮雨流得湍急，
惟有无人的小船横向江心。

6. 英译

West Brook at Chuzhou　by Wei Yingwu

At dusk，I'm walking along by the brook，
Here and there the green grass
Is feast to my eyes.
While I'm listening to the songs
Of the orioles up in the trees，
The spring tide with heavy showers
Comes hand in hand.
Look，a lonely boat is drifting
At the deserted crossing.

7. 赏析

这首诗是韦应物任滁州刺史时所作。诗写暮春景物，蕴含了深长的韵味。

“独怜幽草涧边生，上有黄鹂深树鸣。”是写日间所见。暮春之际，群芳已过，诗人闲行至涧，但见一片青草萋萋。幽草，虽然不及百花妩媚娇艳，但它那青翠欲滴的颜色，那自甘寂寞、不肯趋时悦人的风致，自然而然地赢得了诗人的喜爱。这里，“独怜”二字，感情色彩至为浓郁，是诗人别有会心的感受，它表露了作者闲适恬淡的心境。首句，写静；次句，则写动。莺啼婉转，打破

了刚才的沉寂和悠闲，在诗人静谧的心田，荡起更深一层涟漪。“上”字，不仅仅是写客观景物的时空转移，更写出了诗人随缘自适、怡然自得的开朗和豁达。

接下来两句，侧重写荒津野渡之景。到傍晚时分，春潮上涨，春雨淅沥，西涧水势顿见湍急。郊野渡口，本来就荒凉冷漠，此刻愈发难觅人踪。只有空舟随波飘浮。两句诗所描绘的情境，未免有些荒凉，但用一“自”字，却体现出悠闲和自得。韦应物为诗好用“自”字。这类“自”字皆可释为“自在”“自然”之意，含有“自我欣赏”“自我怜爱”的意蕴。

这两句在结构安排上也很精当。“春潮带雨晚来急”，构成典型环境，与下文形成因果关系；“急”与“自”两字互为照应，准确地传达出诗人内心的情感意识，把客观景物和抒情主体有机地融为一体，状出难写之景，表达难言之情。

“诗是在诗中产生的”（A poem grows out of poetry）。

《滁州西涧》作为韦应物的代表作，不仅鲜明地体现了韦诗特有的幽邃与古淡，而且启发影响了无数后人。宋初，苏舜钦那首《淮中晚泊犊头》，就是学习此诗的一个范例：

春阴垂野草青青，时有幽花一树明。
晚泊孤舟古祠下，满川风雨看潮生。

“满川风雨看潮生”，感动诗人与读者的，是风雨中对美的执念。

二、柳宗元《江雪》

1. 作者简介

柳宗元（773—819年），字子厚，河东（现山西运城永济一带）人，唐宋八大家之一，世称“柳河东”“河东先生”，因官终柳州刺史，又称“柳柳州”。柳宗元与韩愈并称为“韩柳”，与刘禹锡并称“刘柳”，与王维、孟浩然、韦应物并称“王孟韦柳”。柳宗元一生诗文作品存世600余篇，其文的成就大于诗。

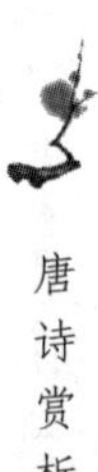

2. 原诗

江雪　柳宗元

千山鸟飞绝，万径人踪灭。

孤舟蓑笠翁，独钓寒江雪。

3. 拼音

jiāng xuě　liǔ zōng yuán

qiān shān niǎo fēi jué ，wàn jìng rén zōng miè 。

gū zhōu suō lì wēng ，dú diào hán jiāng xuě 。

4. 注释

（1）绝：无，没有。

（2）万径：虚指，指千万条路。人踪：人的脚印。

（3）孤：孤零零。蓑笠：蓑衣和斗笠。蓑，古代用来防雨的衣服。笠，古代用来防雨的帽子，用竹篾编成。

（4）独：独自。

5. 汉译

千山万壑之间，看不到一只鸟，

千万条道路之上，没有一个人。

一叶孤舟，一个戴着蓑笠的老渔翁，

在冰雪世界中独自一人垂钓。

6. 英译

Beyond Mountains and Mountains　by Liu Zongyuan

There is no bird

But snow,

Along paths and paths

There is no traveler

But snow,

Only on a freezing river

There is a fisherman

Alone and old,
He is fishing nothing
But snow.

7. 赏析

诗人只用了二十个字，就描绘了一幅幽静寒冷的画面：在下着大雪的江面上，一叶小舟，一个老渔翁，独自在寒冷的江心垂钓。诗人向读者展示的，是这样一些内容：天地之间是如此纯洁而寂静，一尘不染，万籁无声；渔翁的生活清高，渔翁的性格孤傲。其实，这正是诗人因憎恨当时那个一天天在走下坡路的唐代社会而创造出来的一个幻想境界，比陶渊明《桃花源记》里的人物，要显得虚无缥缈，远离尘世。

诗人所要具体描写的本极简单，不过是一条小船，一个穿蓑衣戴笠帽的老渔翁，在大雪的江面上钓鱼，如此而已。可是，为了突出主要的描写对象，诗人不惜用一半篇幅去描写它的背景，而且使这个背景尽量广大寥廓，几乎到了浩瀚无边的程度。

诗的上联，写了宏观的大场景。只看得到静态的山和路，没有一丝动态的印记，连行人走后留下的脚印都没有，天地间一片死寂，没有一丁点的生气。这两句诗中，用“千”和“万”两个数，便包容了广阔无垠的天地，而一“绝”一“灭”二字，又写尽场景的静寂。

下联，镜头推到了江上，孤舟蓑笠翁，明明是在写钓鱼的老翁，可最后一个“雪”字，似乎让我们看到了满天的飞雪，一个冰雪的世界，老渔翁的蓑笠之上，孤舟的船帆乌篷之上，乃至整个江面之上，都被白雪覆盖，这样的场景中，静坐船上，将鱼钩投入白雪覆盖的江中的老渔翁，哪里是在钓鱼，分明就是在钓着那雪白的山川意境！

看这首诗，可以猜测到老渔翁的眼神，深沉而坚定，让人想到海明威《老人与海》中的主人公老渔翁。跟他一样，有着皱纹的脸，孤独却又倔强，艰苦却奋斗不止，可以被毁灭，却绝不会被打败。只有有着这样品质的人，才会在漫天大雪的寒冬，连鸟儿都躲开，还坚守在江面上，等着鱼上钩。他们这种精神，是不屈的美丽，是从生活的磨难中来的。

这首诗的创作背景，是唐顺宗永贞元年，柳宗元参加了王叔文为首的政治革新运动。由于保守势力与宦官的联合反攻，致使革新失败。因此，柳宗元被贬官到有“南荒”之称的永州。他怀着忧愤的心情，写下了这首令人传颂的名诗。这老渔翁就是柳宗元自己。冰天雪地的场景也就是他心中的当世时代，是一个没有活力、没有生机的时代，在这个时代中，却有着一个不愿意屈服极端天气、不愿意屈服于极端权力的老渔翁。柳宗元借着老渔翁的不屈和倔强，诉说着自己的信念。

三、张继《枫桥夜泊》

1. 作者简介

张继（生卒年不详），字懿孙，襄州（今湖北襄阳）人。生平事迹不详，约公元753年前后在世，与刘长卿为同时代人。他的诗流传下来的不到50首。最著名的诗是《枫桥夜泊》。

2. 原诗

枫桥夜泊　张继

月落乌啼霜满天，江枫渔火对愁眠。

姑苏城外寒山寺，夜半钟声到客船。

3. 拼音

fēng qiáo yè bó　zhāng jì

yuè luò wū tí shuāng mǎn tiān ，jiāng fēng yú huǒ duì chóu mián 。

gū sū chéng wài hán shān sì ，yè bàn zhōng shēng dào kè chuán 。

4. 注释

（1）枫桥：在今江苏省苏州市虎丘区。夜泊：夜间把船停靠在岸边。

（2）乌啼：一说为乌鸦啼鸣，一说为乌啼镇。霜满天：形容空气极冷。

（3）江枫：江指吴淞江，俗称苏州河。渔火：渔船上的灯火。对愁眠：伴愁眠。

（4）姑苏：苏州的别称，因城西南有姑苏山而得名。寒山寺：在枫桥附近，因唐代僧人寒山、拾得曾住此而得名。

（5）夜半钟声：唐时佛寺有半夜敲钟的习惯。

5. 汉译

月亮已落下，乌鸦啼叫寒气满天，
对着江边枫树和渔火忧愁而眠。
姑苏城外那寂寞清静寒山古寺，
半夜里敲钟的声音传到了客船。

6. 英译

An Evening Song at Maple Bridge　by Zhang Ji

The moon setting
The crows cawing
The frost spreads out against the sky,
The maple trees on the bank
The dim lights from the fishing boats
And me make a sleepless midnight.
From the Cold Mount Temple outside Gusu
Go bells and another sampan comes in.

7. 赏析

根据《唐才子传》卷三记载，张继于天宝十二年（753 年）考取了进士。而天宝十四年（755 年）一月爆发了安史之乱，天宝十五年（756 年）六月，玄宗仓皇奔蜀。张继随很多文士逃到江苏、浙江一带避乱。一个秋天的夜晚，诗人泊舟苏州城外的枫桥。江南水乡秋夜幽美的景色，吸引着这位怀着旅愁的客子，使他领略到一种情味隽永的诗意美，写下了这首意境清远的小诗。

诗的首句，写了午夜时分三种密切关联的景象：月落、乌啼、霜满天。月落夜深，繁霜暗凝。在幽暗静谧的环境中，人对夜凉的感觉变得格外锐敏。“霜满天”的描写，并不符合自然景观的实际（霜华在地而不在天），却完全切合诗人的感受：深夜的寒意，从四面八方围向诗人夜泊的小舟，使他感到身外的茫茫夜气中正弥漫着满天霜华。

整句诗，月落写所见，乌啼写所闻，霜满天写所感，层次分明地体现出一个先后承接的时间过程和感觉过程。而这一切，又都和谐地统一于水乡秋夜的幽寂清冷氛围和羁旅者的孤孑清寥感受中。从这里可以看出诗人运思的细密。

诗的第二句接着描绘“枫桥夜泊”的特有景象和旅人的感受。在朦胧夜色中，江边的树只能看到一个模糊的轮廓，之所以称“江枫”，也许是因枫桥这个地名引起的一种推想，或是选用“江枫”这个意象给读者以秋色秋意和离情羁思的暗示。“湛湛江水兮上有枫，目极千里伤春心”，“青枫浦上不胜愁”，这些前人的诗句可以说明“江枫”这个词语中所沉积的感情内容和给予人的联想。“江枫”与“渔火”，一静一动，一暗一明，一江边，一江上，景物的配搭组合颇见用心。

诗的上联布景密度很大，十四个字写了六种景象，下联却特别疏朗，只写了一件事：卧闻山寺夜钟。这是因为，诗人在枫桥夜泊中所得到的最鲜明深刻、最具诗意美的感觉印象，就是这寒山寺的夜半钟声。在暗夜中，人的听觉格外敏锐，而静夜钟声，给予人的印象又特别深刻。这样，“夜半钟声”就不但衬托出了夜的静谧，而且揭示了夜的清寥，而诗人卧听疏钟时的种种难以言传的感受，也就尽在不言中了。

这里似乎不能忽略“姑苏城外寒山寺”。寒山寺在枫桥西一里外，初建于梁代，唐初诗僧寒山曾住于此，因而得名。枫桥的诗意美，有了这所古刹，便带上了历史文化的色泽，而显得更加丰富，动人遐想。因此，这寒山寺的“夜半钟声”也就仿佛回荡着历史的回声，渗透着宗教的情思，给人以古雅庄严之感了。诗人之所以用一句诗来点明钟声的出处，是因为有了寒山寺的夜半钟声这一笔，“枫桥夜泊”之神韵才得到最完美的表现，这首诗便不再停留在单纯的枫桥秋夜景物画的水平上，而是创造出了情景交融的典型艺术意境。

此诗有景，有情，有声，有色，将作者羁旅之思、家国之忧，以及身处乱世尚无归宿的顾虑充分地表现出来，是写愁的代表作。全诗句句形象鲜明，可感可画，句与句之间逻辑关系又非常清晰合理，内容晓畅易解。

第三节 泛读篇目

元稹《离思（其四）》（曾经沧海难为水）

1. 作者简介

元稹（779—831年），字微之，别字威明，河南府东都洛阳（今河南洛阳）

人，为北魏宗室鲜卑族拓跋部后裔。元稹聪明机智过人，少时即有才名，与白居易友善，常相唱和，共同倡导新乐府运动，世称“元白”，诗作号为“元和体”。又作有传奇《莺莺传》，为《西厢记》所取材。其乐府诗创作，多受张籍、王建的影响。现存诗830余首，有《元氏长庆集》

2. 原诗

离思（其四）　元稹

曾经沧海难为水，除却巫山不是云。
取次花丛懒回顾，半缘修道半缘君。

3. 拼音

lí sī（qí sì）　yuán zhěn

céng jīng cāng hǎi nán wéi shuǐ，chú què wū shān bú shì yún 。
qǔ cì huā cóng lǎn huí gù，bàn yuán xiū dào bàn yuán jūn 。

4. 注释

（1）曾经：曾经经过。经，经临，经过。难为：这里指不值得一看的意思。

（2）除却：除了，离开。这句意思为：相比之下，除了巫山，别处的云便不称其为云。此句与前句均暗喻自己曾经经历过的一段恋情。

（3）取次：随便，草草地。这里指匆匆经过的样子。花丛：这里并非指自然界的花丛，乃借喻美貌女子众多的地方，也暗指青楼妓馆。

（4）缘：因为，为了。修道：指修炼道家之术。修道之人讲究清心寡欲。君：指曾经心仪的恋人。

5. 汉译

曾经领略过苍茫的大海，就觉得别处的水相形见绌；
曾经领略过巫山的云霭，就觉得别处的云黯然失色。
即使身处万花丛中，我也懒于回头一望，
这也许一半是因为修道，一半是因为你的缘故吧。

6. 英译

Thoughts of Thee　by Yuan Zhen

No river is worthy of my heed since I've been to the Sea;
Save in Mount Woo truer clouds there can hardly be.
I never bother to look back at bevies of floral beauties
Because of the ascetic vow I took, and of dear thee.

7. 赏析

《离思五首》是唐代诗人元稹创作的一组悼亡绝句。诗人运用"索物以托情"的比兴手法，以精警的词句，赞美了夫妻之间的恩爱，抒写了诗人对亡妻韦丛忠贞不渝的爱情和刻骨的思念。

这首诗最突出的特色，就是采用巧比曲喻的手法，淋漓尽致地表达了主人公对已经失去的心上人的深深恋情。它接连用水、用云、用花比人，写得曲折委婉，含而不露，意境深远，耐人寻味。

首二句"曾经沧海难为水，除却巫山不是云"，沧海无比深广，因而使别处的水相形见绌。巫山有朝云峰，下临长江，云蒸霞蔚。据宋玉《高唐赋序》说，其云为神女所化，因而，相形之下，别处的云就黯然失色了。"沧海""巫山"，是世间至大至美的形象，诗人引以为喻，从字面上看是说经历过"沧海""巫山"，对别处的水和云就难以看上眼了，实则是用来隐喻他们夫妻之间的感情有如沧海之水和巫山之云，其深广和美好是世间无与伦比的，因而除爱妻之外，再没有能使自己动情的女子了。

第三句说自己信步经过"花丛"，懒于顾视，表示他对女色绝无眷恋之心了。

第四句即承上说明"懒回顾"的原因。元稹平生尊佛奉道，修身治学，这些事对元稹来说，都不过是心失所爱、悲伤无法解脱的一种感情上的寄托。

全诗言情而不庸俗，不浮艳，不低沉，是传颂千古的绝唱。

◎ 重要概念

新乐府运动　元白诗派

本课练习题及答案

第十二单元　白居易的诗

内容提要

唐诗知识

白居易　歌、行、引

赏析篇目

1. 白居易《赋得古原草送别》

2. 白居易《暮江吟》

3. 白居易《问刘十九》

泛读篇目

白居易《琵琶行》

第一节　唐诗知识

1. 作者简介

白居易（772—846 年），字乐天，号香山居士。先世太原（今山西太原）人。贞元进士，授秘书省校书郎。元和年间任左拾遗及左赞善大夫。后因上表请求严缉刺死宰相武元衡的凶手，得罪权贵，被贬为江州司马。长庆初年任杭州刺史，宝历初年任苏州刺史，后官至刑部尚书。

在文学上，白居易主张“文章合为时而著，歌诗合为事而作”，是新乐府运动的倡导者。其诗语言通俗，浅显平易。和元稹并称“元白”，和刘禹锡并称“刘白”。

白居易有长篇叙事诗《长恨歌》和《琵琶行》，前者写唐玄宗李隆基和杨玉环的爱情故事，后者写一名乐妓的辛酸遭遇，都写得优美和谐，真切动人，流传千古。

2. 歌、行、引

歌、行、引（还有曲、吟、谣等）本来是古代歌曲的几种形式，源于汉魏乐府，是乐府曲名，后来成为古代诗歌的体裁。这些诗歌体裁，大多篇幅较长，句式灵活，平仄不拘，用韵富于变化，可多次换韵，如白居易的《琵琶行》。

第二节　赏析篇目

一、白居易《赋得古原草送别》

1. 原诗

赋得古原草送别　白居易

离离原上草，一岁一枯荣。
野火烧不尽，春风吹又生。
远芳侵古道，晴翠接荒城。
又送王孙去，萋萋满别情。

2. 拼音

fù dé gǔ yuán cǎo sòng bié　bái jū yì
lí lí yuán shàng cǎo，yí suì yì kū róng。
yě huǒ shāo bú jìn，chūn fēng chuī yòu shēng 。
yuǎn fāng qīn gǔ dào，qíng cuì jiē huāng chéng 。
yòu sòng wáng sūn qù，qī qī mǎn bié qíng 。

3. 注释

（1）赋得：借古人诗句或成语命题作诗。这是古代人学习作诗或文人聚会分题作诗或科举考试时命题作诗的一种方式，称为“赋得体”。

（2）离离：青草茂盛的样子。

（3）一岁一枯荣：野草每年都会茂盛一次，枯萎一次。枯，枯萎。荣，茂盛。

（4）远芳侵古道：远处芬芳的野草一直长到古老的驿道上。芳，指野草浓郁的香气。远芳，草香远播。侵，侵占，长满。

（5）晴翠：草原明丽翠绿。

（6）王孙：本指贵族后代，此指远方的友人。

（7）萋萋：形容草木长得茂盛的样子。

4. 汉译

原野上长满茂盛的青草，
年年岁岁枯萎了又苍翠。
原野上的大火无法烧尽，
春风一吹它又生机勃发。
芳草的馨香弥漫着古道，
阳光照耀下碧绿连荒城。
又送游子远行踏上古道，
满怀离情望着萋萋芳草。

5. 英译

Grass on Ancient Plain　by Bai Juyi

The grass grows
Nice and thick on the Plain,
Year after year
It turns yellow and green,
Bushfires cannot wipe it out
Spring breeze causes it to come to life.
It overgrows along the ancient path
And reaches as far as the deserted city.
Though we part with each other,
It will accompany you
With my love forever.

6. 赏析

这首诗是白居易的成名作。

此诗通过对古原上野草的描绘，抒发送别友人时的依依惜别之情。

首联、颔联侧重表现野草生命的历时之美。诗的首句“离离原上草”，紧紧扣住题目“古原草”三字，并用叠字“离离”描写春草的茂盛。第二句“一岁一枯荣”，进而写出原上野草秋枯春荣、岁岁循环、生生不已的规律。不管烈火怎样无情地焚烧，一旦春风化雨，又是遍地青青的野草，极为形象生动地表现了野草顽强的生命力。“春风吹又生”，语言朴实有力。

颈联、尾联侧重表现其共时之美。五、六句则继续写“古原草”，但把重点落在“古原”上。

用“侵”“接”二字继“又生”，更写出一种蔓延扩展之势，再一次突出那生存竞争之强者——野草的形象。虽然道古城荒，青草的滋生却使古原恢复了青春。

大地回春，芳草芊芊的古原景象如此迷人，而送别在这样的背景下发生，该是多么令人惆怅，又是多么富于诗意啊。看见萋萋芳草而增加送别的愁情，似乎每一片草叶都饱含着别情。诗到此点明“送别”，结清题意，关合全篇，把“古原—草—送别”连在一起。

全诗章法谨严，用语自然流畅，对仗工整，写景抒情水乳交融，意境浑成，是“赋得体”中的绝唱。诗句“野火烧不尽，春风吹又生”，揭示生命不绝、事物无穷的道理，至今广为传诵。

二、白居易《暮江吟》

1. 原诗

暮江吟　白居易

一道残阳铺水中，半江瑟瑟半江红。

可怜九月初三夜，露似真珠月似弓。

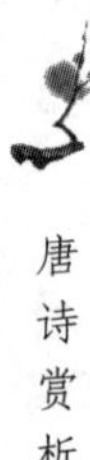

2. 拼音

mù jiāng yín　bái jū yì

yí dào cán yáng pū shuǐ zhōng ，bàn jiāng sè sè bàn jiāng hóng 。

kě lián jiǔ yuè chū sān yè ，lù sì zhēn zhū yuè sì gōng 。

3. 注释

（1）暮江吟：黄昏时分在江边所作的诗。

（2）残阳：快落山的太阳的光。也指晚霞。

（3）瑟瑟：原意为碧色珍宝，此处指碧绿色 。

（4）可怜：可爱。九月初三：农历九月初三的时候。

（5）真珠：即珍珠。月似弓：农历九月初三，上弦月，其弯如弓。

4. 汉译

一道残阳渐沉江中，
半江碧绿半江艳红。
最可爱的是那九月初三之夜，
露似珍珠，新月形如弯弓。

5. 英译

Sunset and Moonrise on the River By Bai Juyi

The departing sunbeams pave a way on the river;
Half of it's waves turn red and the other half shiver.
How I love the third night of the ninth moon aglow!
The dewdrops look like pearls; the crescent like a bow.

6. 赏析

此诗约是长庆二年（822 年）白居易在赴杭州任刺史的途中所写。

这是一首写景佳作。诗人选取自红日西沉到新月东升这一段时间，运用新颖巧妙的比喻，创造出和谐、宁静的意境，表现出内心深处的情思和对自然的热爱。

前两句写夕阳落照中的江水。残阳照射在江面上，不说“照”，却说“铺”，这是因为“残阳”已经接近地平线，几乎是贴着地面照射过来，确像“铺”在江上，很形象，显得委婉、平缓，写出了秋天夕阳独特的柔和，给人以亲切、安闲的感觉。

“半江瑟瑟半江红”，天气晴朗无风，江水缓缓流动，江面皱起细小的波纹。受光多的部分，呈现一片“红”色；受光少的地方，呈现出深深的碧色。诗人抓住江面上呈现出的两种颜色，却表现出残阳照射下，暮江细波粼粼、光色瞬息变化的景象。诗人沉醉了，把他自己的喜悦之情寄寓在景物描写之中。

后两句写新月初升的夜景。诗人流连忘返，直到初月升起，诗人俯身一看，江边的草地上挂满了晶莹的露珠，像粒粒珍珠。用“真珠”作比喻，不仅写出了露珠的圆润，而且写出了在新月的清辉下，露珠闪烁的光泽。诗人再抬头一看，一弯新月初升，如同在碧蓝的天幕上，悬挂了一张精巧的弯弓。诗人把这天上地下的两种美妙景象，压缩在一句诗里——“露似真珠月似弓”。作者从像弓一样的一弯新月，想起当时正是“九月初三夜”，不禁脱口赞美它的可爱，直接抒情，把感情推向高潮。

全诗语言清丽流畅，格调清新，写景微妙，历来备受称道。

三、白居易《问刘十九》

1. 原诗

问刘十九　白居易

绿蚁新醅酒，红泥小火炉。
晚来天欲雪，能饮一杯无？

2. 拼音

wèn liú shí jiǔ　bái jū yì
lǜ yǐ xīn pēi jiǔ ，hóng ní xiǎo huǒ lú 。
wǎn lái tiān yù xuě ，néng yǐn yì bēi wú ？

3. 注释

(1) 刘十九：刘禹锡的堂兄刘禹铜，一说是嵩阳处士刘轲。

(2) 绿蚁：新酿酒未滤清时，酒面浮起酒渣，色微绿，细如蚁，称为“绿蚁”。醅（pēi）：酿造。

(3) 雪：下雪，这里作动词用。

(4) 无：表示疑问的语气词，相当于“么”或“吗”。

4. 汉译

酿好了淡绿的米酒，
烧旺了小小的火炉。

天色将晚，雪意渐浓，

能否一顾寒舍，共饮一杯暖酒？

5. 英译

An Invitation　by Bai Juyi

My new brew gives green glow;

My red clay stove flames up.

At dusk it threatens snow.

Won't you come for a cup?

6. 赏析

这首诗在艺术上的成就——

首先，是意象的精心选择和巧妙安排。

全诗表情达意主要靠三个意象（新酒、火炉、暮雪）的组合来完成。寒冬腊月，暮色苍茫，风雪大作，家酒新熟，炉火已生，只待朋友早点到来，三个意象连缀起来构成一幅有声有色、有形有态、有情有意的图画，其间流溢出友情的融融暖意和人性的阵阵芳香。

其次，是色彩的合理搭配。诗画相通，贵在情意相契，诗人通过富有创意的语言运用，唤起读者的联想和情绪体验。在色彩配置上很有特色，清新朴实，"绿蚁""红泥"，"红""绿"相映，色味兼香，气氛热烈，情调欢快。"火"字表现出炭火熊熊、光影跃动的情境，更能够给寒冬里的人增加无限的热量。第三句中不用摹色词语，但"晚""雪"两字告诉读者黑色的夜幕已经降落，而纷纷扬扬的白雪即将到来。在风雪黑夜的无边背景下，小屋内的"绿"酒"红"炉和谐配置，异常醒目，也格外温暖。

最后是结尾问句的运用。"能饮一杯无"，轻言细语，问寒问暖，贴近心窝，溢满真情。用这样的口语入诗收尾，既增加了全诗的韵味，使其具有空灵摇曳之美，余音袅袅之妙；又创设情境，给读者留下无尽的想象空间。诗人既可能是特意准备新熟家酿来招待朋友，也可能是偶尔借此驱赶孤居的冷寂凄凉；既可能是在风雪之夜想起了朋友的温暖，也可能是平日里朋友之间的常来常往。而这些，都留给读者去尽情想象了。

一语天然万古新，豪华落尽见真淳。通览全诗，语浅情深，言短味长。

第三节　泛读篇目

白居易《琵琶行》

1. 原诗

琵琶行　白居易

（诗前小序略）

浔阳江头夜送客，枫叶荻花秋瑟瑟。
主人下马客在船，举酒欲饮无管弦。
醉不成欢惨将别，别时茫茫江浸月。
忽闻水上琵琶声，主人忘归客不发。
寻声暗问弹者谁？琵琶声停欲语迟。
移船相近邀相见，添酒回灯重开宴。
千呼万唤始出来，犹抱琵琶半遮面。

转轴拨弦三两声，未成曲调先有情。
弦弦掩抑声声思，似诉平生不得志。
低眉信手续续弹，说尽心中无限事。
轻拢慢捻抹复挑，初为《霓裳》后《六幺》。
大弦嘈嘈如急雨，小弦切切如私语。
嘈嘈切切错杂弹，大珠小珠落玉盘。
间关莺语花底滑，幽咽泉流冰下难。
冰泉冷涩弦凝绝，凝绝不通声暂歇。
别有幽愁暗恨生，此时无声胜有声。
银瓶乍破水浆迸，铁骑突出刀枪鸣。
曲终收拨当心画，四弦一声如裂帛。
东船西舫悄无言，唯见江心秋月白。

沉吟放拨插弦中，整顿衣裳起敛容。
自言本是京城女，家在虾蟆陵下住。

十三学得琵琶成，名属教坊第一部。
曲罢曾教善才服，妆成每被秋娘妒。
五陵年少争缠头，一曲红绡不知数。
钿头银篦击节碎，血色罗裙翻酒污。
今年欢笑复明年，秋月春风等闲度。
弟走从军阿姨死，暮去朝来颜色故。
门前冷落鞍马稀，老大嫁作商人妇。
商人重利轻别离，前月浮梁买茶去。
去来江口守空船，绕船月明江水寒。
夜深忽梦少年事，梦啼妆泪红阑干。
我闻琵琶已叹息，又闻此语重唧唧。
同是天涯沦落人，相逢何必曾相识！
我从去年辞帝京，谪居卧病浔阳城。
浔阳地僻无音乐，终岁不闻丝竹声。
住近湓江地低湿，黄芦苦竹绕宅生。
其间旦暮闻何物？杜鹃啼血猿哀鸣。
春江花朝秋月夜，往往取酒还独倾。
岂无山歌与村笛，呕哑嘲哳难为听。
今夜闻君琵琶语，如听仙乐耳暂明。
莫辞更坐弹一曲，为君翻作《琵琶行》。
感我此言良久立，却坐促弦弦转急。
凄凄不似向前声，满座重闻皆掩泣。
座中泣下谁最多？江州司马青衫湿。

2. 拼音

pí pá xíng　bái jū yì
xún yáng jiāng tóu yè sòng kè ，fēng yè dí huā qiū sè sè 。
zhǔ rén xià mǎ kè zài chuán ，jǔ jiǔ yù yǐn wú guǎn xián 。
zuì bù chéng huān cǎn jiāng bié ，bié shí máng máng jiāng jìn yuè 。
hū wén shuǐ shàng pí pá shēng ，zhǔ rén wàng guī kè bù fā 。
xún shēng àn wèn tán zhě shuí ？pí pá shēng tíng yù yǔ chí 。

yí chuán xiāng jìn yāo xiāng jiàn，tiān jiǔ huí dēng chóng kāi yàn。
qiān hū wàn huàn shǐ chū lái，yóu bào pí pá bàn zhē miàn。

zhuǎn zhóu bō xián sān liǎng shēng，wèi chéng qǔ diào xiān yǒu qíng。
xián xián yǎn yì shēng shēng sì，sì sù píng shēng bù dé zhì。
dī méi xìn shǒu xù xù tán，shuō jìn xīn zhōng wú xiàn shì。
qīng lǒng màn niǎn mò fù tiāo，chū wéi《ní shāng》hòu《liù yāo》。
dà xián cáo cáo rú jí yǔ，xiǎo xián qiè qiè rú sī yǔ。
cáo cáo qiè qiè cuò zá tán，dà zhū xiǎo zhū luò yù pán。
jiān guān yīng yǔ huā dǐ huá，yōu yè quán liú bīng xià nán。
bīng quán lěng sè xián níng jué，níng jué bù tōng shēng zàn xiē。
bié yǒu yōu chóu àn hèn shēng，cǐ shí wú shēng shèng yǒu shēng。
yín píng zhà pò shuǐ jiāng bèng，tiě jì tū chū dāo qiāng míng。
qǔ zhōng shōu bō dāng xīn huà，sì xián yì shēng rú liè bó。
dōng chuán xī fǎng qiāo wú yán，wéi jiàn jiāng xīn qiū yuè bái。

chén yín fàng bō chā xián zhōng，zhěng dùn yī shang qǐ liǎn róng。
zì yán běn shì jīng chéng nǚ，jiā zài há ma líng xià zhù。
shí sān xué dé pí pá chéng，míng shǔ jiào fāng dì yī bù。
qǔ bà céng jiào shàn cái fú，zhuāng chéng měi bèi qiū niáng dù。
wǔ líng nián shào zhēng chán tóu，yī qǔ hóng xiāo bù zhī shù。
diàn tóu yín bì jī jiē suì，xuè sè luó qún fān jiǔ wū。
jīn nián huān xiào fù míng nián，qiū yuè chūn fēng děng xián dù。
dì zǒu cóng jūn ā yí sǐ，mù qù zhāo lái yán sè gù。
mén qián lěng luò ān mǎ xī，lǎo dà jià zuò shāng rén fù。
shāng rén zhòng lì qīng bié lí，qián yuè fú liáng mǎi chá qù。
qù lái jiāng kǒu shǒu kōng chuán，rào chuán yuè míng jiāng shuǐ hán。
yè shēn hū mèng shào nián shì，mèng tí zhuāng lèi hóng lán gān。

wǒ wén pí pá yǐ tàn xī，yòu wén cǐ yǔ chóng jī jī。
tóng shì tiān yá lún luò rén，xiāng féng hé bì céng xiāng shí！

wǒ cóng qù nián cí dì jīng，zhé jū wò bìng xún yáng chéng。
xún yáng dì pì wú yīn yuè，zhōng suì bù wén sī zhú shēng。
zhù jìn pén jiāng dì dī shī，huáng lú kǔ zhú rào zhái shēng。
qí jiān dàn mù wén hé wù？dù juān tí xuè yuán āi míng。
chūn jiāng huā zhāo qiū yuè yè，wǎng wǎng qǔ jiǔ hái dú qīng。
qǐ wú shān gē yǔ cūn dí，ǒu yǎ zhāo zhā nán wéi tīng。
jīn yè wén jūn pí pá yǔ，rú tīng xiān yuè ěr zàn míng。
mò cí gèng zuò tàn yī qǔ，wèi jūn fān zuò《pí pá xíng》。
gǎn wǒ cǐ yán liáng jiǔ lì，què zuò cù xián xián zhuǎn jí。
qī qī bú sì xiàng qián shēng，mǎn zuò chóng wén jiē yǎn qì。
zuò zhōng qì xià shuí zuì duō？jiāng zhōu sī mǎ qīng shān shī。

3. 注释

（1）浔阳江：据考证，为流经浔阳城中的湓水，即今九江市中的龙开河，经湓浦口注入长江。

（2）瑟瑟：形容枫树、芦荻被秋风吹动的声音。

（3）主人：诗人自指。

（4）回灯：重新拨亮灯光。回，再。

（5）转轴拨弦：调整琵琶上缠绕丝弦的轴，以调音定调。

（6）掩抑：掩蔽，遏抑。思：悲，伤。

（7）信手：随手。续续弹：连续弹奏。

（8）拢：左手手指按弦向里（琵琶的中部）推。捻：揉弦的动作。抹：向左拨弦，也称为“弹”。挑：反手回拨的动作。

（9）《霓裳》：即《霓裳羽衣曲》，本为西域乐舞，唐开元年间西凉节度使杨敬述依曲创声后流入中原。《六幺》：大曲名，又叫《乐世》《绿腰》《录要》，为歌舞曲。

（10）大弦：指最粗的弦。嘈嘈：声音沉重抑扬。

（11）小弦：指最细的弦。切切：细促轻幽，急切细碎。

（12）间关：莺语流滑叫“间关”。鸟鸣声。

（13）幽咽：遏塞不畅状。冰下难：泉流冰下阻塞难通，形容乐声由流畅变为冷涩。

（14）凝绝：凝滞。

（15）迸：溅射。

（16）曲终：乐曲结束。拨：弹奏弦乐时所用的工具。当心画：用拨子在琵琶的中部划过四弦，是一曲结束时经常用到的右手手法。

（17）舫：船。

（18）敛容：收敛（深思时悲愤深怨的）面部表情。

（19）虾（há）蟆陵：在长安城东南，曲江附近，是当时有名的游乐地区。

（20）教坊：唐代官办管领音乐杂技、教练歌舞的机关。

（21）秋娘：唐时歌舞伎常用的名字。

（22）五陵：在长安城外，汉代五个皇帝的陵墓。缠头：用锦帛之类的财物送给歌舞妓女。

（23）绡：精细轻美的丝织品。

（24）钿（diàn）头银篦（bì）：此指镶嵌着花钿的篦形发饰。击节：打拍子。

（25）颜色故：容貌衰老。

（26）浮梁：古县名，唐属饶州，在今江西景德镇，盛产茶叶。

（27）去来：走了以后。

（28）梦啼妆泪：梦中啼哭，匀过脂粉的脸上带着泪痕。阑干：纵横散乱的样子。

（29）重：重新，重又之意。唧唧：叹声。

（30）呕哑嘲哳（zhāo zhā）：形容声音嘈杂。

（31）琵琶语：琵琶声，琵琶所弹奏的乐曲。

（32）暂：突然。

（33）却坐：退回到原处。促弦：把弦拧得更紧。

（34）向前声：刚才奏过的曲调。

（35）掩泣：掩面哭泣。

（36）青衫：唐朝八品、九品文官的服色。白居易当时的官阶是侍郎，从九品，所以服青衫。

4. 汉译

晚间在浔阳江边送别友人，

枫叶荻花，在秋风里沙沙抖动。
主人下了马，走进友人的船中，
拿起酒想喝，却没有音乐助兴。
闷闷地喝醉了，凄凄惨惨地将要分别，
将分别的时候，茫茫的江水里沉浸着明月。
忽然听见水面上飘来琵琶的声音，
主人忘记了回去，客人也不肯起身。
跟着声音悄悄地询问是什么人在弹琵琶，
琵琶声停止了，想说话却迟迟地没有说话。
移近船只，请那个人相见，
添酒、挑灯，又摆上酒宴。
再三呼唤，她才肯走出船舱，
还抱着琵琶，遮住半边脸庞。

拧转轴子，拨动了两三下丝弦，
还没有弹成曲调，已经充满了情感。
每一弦都在叹息，每一声都在沉思，
好像在诉说不得意的身世。
低着眉随手继续地弹啊，弹，
说尽那无限伤心的事。
轻轻地拢，慢慢地捻，又抹又挑，
开头弹的是《霓裳》，后来弹的是《六幺》。
粗弦嘈嘈，好像是疾风骤雨，
细弦切切，好像是儿女私语。
嘈嘈切切，错杂成一片，
大珠小珠，落满了玉盘。
花底的黄莺间间关关——叫得多么流利，
冰下的泉水幽幽咽咽——流得多么艰难！
流水冻结了，也冻结了琵琶的弦子，
弦子冻结了，声音也暂时停止。

另外流露出一种潜藏在内心深处的愁恨，
这时候没有声音，却比有声音更激动人心。
突然爆破一只银瓶，水浆迸出，
骤然杀出一队铁骑，刀枪轰鸣。
曲子弹完了，收回拨子从弦索中间划过，
四根弦发出同一个声音，好像撕裂绸帛。
东边西边的船舫里都静悄悄没人说话，
只看见一轮秋月在江心里闪耀银波。

沉吟着放下拨子又插到弦中，
整理好衣裳，站起来显得十分肃敬。
她诉说："我本来是京城里的姑娘，
家住在虾蟆陵附近。
十三岁就学会了弹琵琶的技艺，
名字登记在教坊的第一部里。
弹罢曲子，曾赢得曲师的赞扬，
妆梳起来，常引起秋娘的妒忌。
五陵少年，争先恐后地赠送礼品，
一支曲子，换来无数匹吴绫蜀锦。
打拍子敲碎了钿头云篦，
吃美酒泼脏了血色罗裙。
今年欢笑啊，明年欢笑，
轻轻地度过了多少个秋夜春天；
弟弟从军去打仗，教坊中的养母也辞别了人世，
无情的时光，夺去了美艳的红颜。
门前的车马，越来越稀少，
嫁了个商人，跟他到这里。
商人只看重利，哪在乎别离，
上个月又到浮梁，去买茶做生意。

留下我在江口，独守这空荡荡的船舱，
绕船的月光白得像霜，江水也那么寒凉。

深夜里忽然梦见少年时代的往事，
满脸泪水，哭醒来更加悲伤。……”
我听了琵琶声已经叹息，
又听了这番话更加唏嘘。
同样是失意人流落在远方，
碰在一起啊，从前不认识那又何妨！
我自从去年辞别了京城，
贬官在浔阳，一直卧病。
浔阳这地方荒凉偏僻，哪有音乐，
一年到头，也听不见管弦奏鸣。
居住在湓江附近，低洼潮湿，
院子周围，尽长些黄芦苦竹。
早上晚间，在这儿听见的都是什么？
除了杜鹃的哀鸣，就只有猿猴的悲哭。
春江花晨和秋季的月夜，
拿出酒来，却往往自酌自饮。
难道说没有山歌？也没有村笛？
呕哑嘲哳，那声音也实在难听！
今晚上听了你用琵琶弹奏的乐曲，
像听了天上的仙乐，耳朵也顿时清明。
不要告辞，请坐下再弹一支曲子，
我替你谱写歌词，题目就叫作《琵琶行》。
听了我的话她长久地站立，
又坐下拨弦索，拨得更急。
凄凄切切，不像刚才的声音，
满座的听众，都忍不住哭泣。
这当中哪一个哭得最悲酸？
江州司马的眼泪啊，湿透了青衫。

5. 英译

A Story of the Lute by Bai Juyi

By the Xunyang river, at night a guest of mine is leaving,
Maple leaves, reed flowers rustling in autumn's desolation.
I come to see him off on a horse and by boat he is going.
Wine cups are raised, but there is no music for the occasion.
In unsated drunkenness, we are to part with a letdown,
At the moment the nebulous river the moon is soaking.
Suddenly heard over the water is a lute's sound,
The host forgets leaving, the guest stops embarking.
To the direction of sound we ask who is playing,
The music stops but for a while no one is replying.
Our boat moves closer and an invitation is given,
More wine poured, lamp relit, banquet starts again.
She only comes out after one thousand calls of ours.
Still with the lute covering half of the face of hers.
She tweaks the peg and plucks the strings for the tuning,
The music hasn't started, known already is her feeling.
Strings ring out depressing notes and mournful sound,
As if bewailing all the mishaps she's been around.
With lowered eyelids, adroitly she keeps on playing,
All things hidden inside her heart are out pouring.
At the strings gently and slowly she plucks and presses,
Playing the tunes of "Six Minors" after the "Rainbow Dresses".
The thick strings sound like fierce rain's pounding,
The thin strings sound like a lover's sweet whispering.

Entwined and mixed are the pounding and whispering,
Like big and small pearls onto a jade plate crashing.
For a while it's like orioles singing under flowers,

Spring water sobbing and trickling beneath ice covers.
Icy spring is bitter cold and the strings frozen,
Frozen notes are clogged and coming to a halting end.
But it is teemed with pent-up sorrow and hidden yearning,
At the moment silence is so much better than anything.
Suddenly a silver vase is smashed and water is splashing,
Armored cavalries charging with spears and sabres clashing.
At the finish, in the middle she keeps picking on,
Four strings gives out the sound of silk being torn.
Silent are all the boats at neighboring moorings,
Pale moon mirrored on the river is the only thing to see.
Pensively she inserts the pick between the strings,
Straightening her dress, she stands up with solemnity.
She says "I grew up in the Capital City,
My home was around the Toads Tomb Alley.
By thirteen I was already a master lute student,
Among the best in the imperial music department.
The maetros wowed by my lute playing ability,
While other courtesans jealous of my beauty.
The young and rich were all following me along,
Gifts were showered at me after every song.
Precious jewelries were tapped to the rhythms as I played on,
So much wine were spilled on my red silk gown.
Year after year happy laughters lasted on and on,
Autumn moons and spring breezes came and gone.
Enlisted was my brother and dead was my sister,
Time flew and beauty stayed with me no longer.
My doors went unknocked and few carriages present,
As an old maid I have but to wed a merchant.
Profit is what matters in the merchant's mind,
Last month he went to Fuliang to purchase tea.

On the empty boat by the river I am left behind,
Moonlight in the cold river is all I can see.
Late in the night I am dreaming of my better years,
Crying in dream, my rouged face is smeared by tears."
Listening to the lute has made me sigh and deplore,
Hearing these words makes me sympathize even more.
On the same earth we are both down and out and drifting,
Who cares if we knew each other before this meeting!
I left the imperial capital the year before,
Demoted to Xunyang city and healthy no more.
Xunyang is a remote place where music is lacking,
All year I hear no strings and flutes playing.
I live by the river in a low and damp ground,
Yellow reeds and bitter bamboos my house surround.
What do I hear at the dawns and by the evenings?
Cuckoo's bloody wailings and ape's sad cryings.
Flowers blossom by spring river in moonlit autumn night,
I have to drink all by myself to the beautiful sight.
There are mountain songs and villager's crude flute,
But they are coarse and strident to one's ears.
Tonight I am lucky to listen to your wonderful lute,
Which plays heavenly music that delights my ears.
Leave not and please sit down to play one more time,
To you I will write and dedicate "A Story of the Lute".
Moved by my words, she stands there for a long time,
Then she sits and plucks fast at strings of the lute.

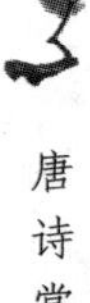

Hauntingly sad but different from the tune before,
Everyone listening is brought to tears once more.
Who among them is the one that cried the most?
With soaked green dress is humble one in deputy mayor's post.

6. 赏析

《琵琶行》创作于元和十一年（816 年）。白居易直言敢谏，写了大量的讽喻诗，触怒了唐宪宗，被贬到江州。他心境凄凉，满怀郁愤。次年送客湓浦口，遇到琵琶女，创作出这首传世名篇。

本诗的诗眼（主旨）是“同是天涯沦落人，相逢何必曾相识”。

通过写琵琶女生活的不幸，结合诗人自己在宦途所受到的打击，唱出了“同是天涯沦落人，相逢何必曾相识”的心声。社会的动荡，世态的炎凉，对不幸者命运的同情，对自身失意的感慨，这些本来积蓄在心中的沉痛感受，都倾注在诗中。

《琵琶行》全诗共分四段：

从“浔阳江头夜送客”到“犹抱琵琶半遮面”共十四句，为第一段，写琵琶女的出场。

从“转轴拨弦三两声”到“唯见江心秋月白”共二十四句为第二段，写琵琶女的高超演技。

从“沉吟放拨插弦中”到“梦啼妆泪红阑干”共二十四句为第三段，写琵琶女自述的身世。

从“我闻琵琶已叹息”到最后的“江州司马青衫湿”共二十六句为第四段，写诗人感慨自己的身世，抒发与琵琶女的同病相怜之情。

诗的艺术成就：

其一，诗人把歌咏者与被歌咏者的思想感情融二为一，说你也是说我，说我也是说你，命运相同、息息相关。琵琶女叙述身世后，诗人以为他们“同是天涯沦落人”；诗人叙述身世后，琵琶女则“感我此言良久立”，琵琶女再弹一曲后，诗人则更是“江州司马青衫湿”。

其二，诗中写景物、写音乐，手段都极其高超，而且又都和写身世、抒悲慨紧密结合，气氛一致，使作品自始至终沉浸在一种悲凉哀怨的氛围里。

其三，作品的语言生动形象，具有很强的概括力，而且转关跳跃，简洁灵活，整首诗脍炙人口，极易背诵。诸如“千呼万唤始出来，犹抱琵琶半遮面”，“别有幽愁暗恨生，此时无声胜有声”，“门前冷落鞍马稀，老大嫁作商人妇”，“夜深忽梦少年事，梦啼妆泪红阑干”，“同是天涯沦落人，相逢何必曾相识”等等，都是凝练优美、叩人心扉的语句！

◎ **重要概念**

白居易　歌、行、引

本课练习题及答案

第五编　晚唐诗

晚唐：公元836—907，唐文宗—唐哀帝时期

第十三单元　杜牧的诗

内容提要

唐诗知识

晚唐诗概述　晚唐代表诗人

赏析篇目

1. 杜牧《江南春绝句》

2. 杜牧《赠别（其二）》

3. 杜牧《泊秦淮》

泛读篇目

1. 杜牧《山行》

2. 杜牧《秋夕》

第一节　唐诗知识

一、晚唐诗概述

安史之乱后，唐王朝由盛转衰，到晚唐时期，皇帝在经济、政治、军事上已无实权，藩镇割据局面形成，最后，各方脱离唐王朝的统治而成为各自独立的政权，国家内忧外患重重。

晚唐诗歌，虽然感伤颓废的情调逐渐增浓，诗坛上仍然是一派绚丽灿烂的景象，晚唐诗人们在中唐创新求变的基础上继续发展。总体上，晚唐诗人擅长五七言律诗和绝句，他们的诗不以气势见长，而以情韵悠扬取胜，以心情意绪为主题，表现自我体验到的心灵世界，但唐诗在气象格局上失去了盛唐诗歌的大气磅礴。

二、晚唐代表诗人

杜牧、李商隐是晚唐诗人中的杰出代表。他们的诗，忧时伤世，有“夕阳无限好，只是近黄昏”之感，其七律和七绝在艺术技巧上有独特贡献。

皮日休、杜荀鹤、陆龟蒙等人的诗，一定程度上反映了唐末的社会动乱和阶级矛盾。

晚唐以后，五代诗坛冷落，是唐诗的尾声。

杜牧（803—约852年），字牧之，号樊川居士，汉族，京兆万年（今陕西西安）人。宰相杜佑之孙。唐文宗大和二年26岁中进士，授弘文馆校书郎。

杜牧有政治理想，但为人刚直，屡受排挤，一生仕途不得志，晚年纵情声色，过着放荡不羁的生活。因晚年居长安南樊川别墅，故后世称“杜樊川”，著有《樊川文集》。

杜牧的诗成就很大。古诗受杜甫影响很深，人称“小杜”。其诗善于将叙事、议论、抒情三者融为一体，风格俊爽清丽、雄姿英发。杜牧的七律、七绝意境幽美，韵味隽永，无论议论、咏史、写景、抒情，都立意出奇。

杜牧的绝句别开生面。他善于捕捉自然景物中美的形象，用绝句体小诗加以描写，含蓄精炼，情景交融，在短短的四句中，写出一个完整而幽美的景象，宛如一幅图画，名篇有《江南春绝句》。

在晚唐，杜牧与李商隐齐名，合称“小李杜”。

第二节 赏析篇目

一、杜牧《江南春绝句》

1. 原诗

江南春绝句　杜牧

千里莺啼绿映红，水村山郭酒旗风。
南朝四百八十寺，多少楼台烟雨中。

2. 拼音

jiāng nán chūn jué jù　dù mù
qiān lǐ yīng tí lù yìng hóng ，shuǐ cūn shān guō jiǔ qí fēng 。
nán cháo sì bǎi bā shí sì ，duō shǎo lóu tái yān yǔ zhōng 。

3. 注释

（1）莺啼：即莺啼燕语。

（2）郭：外城。此处指城镇。酒旗：一种挂在门前以作为酒店标记的小旗。

（3）南朝：指先后与北朝对峙的宋、齐、梁、陈政权。四百八十寺：南朝皇帝和大官僚好佛，在京城（今南京市）大建佛寺。这里说四百八十寺，是虚数。

（4）楼台：楼阁亭台。此处指寺院建筑。烟雨：细雨蒙蒙，如烟如雾。

4. 汉译

千里江南，莺歌燕舞，绿树红花，
临水的村庄，依山的城郭，到处是迎风招展的酒旗。
昔日处处香烟缭绕的寺庙，
如今亭台楼阁都隐约立在迷蒙的烟雨之中。

5. 英译

Spring South of the River　by Du Mu

Orioles sing for miles amid red blooms and green trees;
By hills and rills wine shop streamers wave in the breeze.
Four hundred eighty splendid temples still remain;
Of Southern Dynasties in the mist and rain.

6. 赏析

唐文宗大和七年（833 年）春，杜牧奉命往扬州，途中写下这首诗。

杜牧来到江南，不禁想起当年南朝统治者虔诚事佛，不仅没有求得长生，反而误国害民之事。此诗既是咏史怀古，也是对唐王朝统治者委婉的劝诫。

诗上联“千里莺啼绿映红，水村山郭酒旗风”，就像迅速移动的电影镜头，掠过南国大地：辽阔的千里江南，黄莺在欢乐地歌唱，绿树映着红花；依山傍水的村庄、城郭，迎风招展的酒旗……美丽的江南，经过诗人生花妙笔的点染，显得更加迷人了。

下联“南朝四百八十寺，多少楼台烟雨中”，诗人运用典型化的手法，把握住江南景物的特征：山重水复，柳暗花明，色调错综，层次丰富而有立体感，最突出的，还有金碧辉煌、屋宇重重的佛寺，在迷蒙的烟雨之中，更增加了朦胧迷离的色彩。

《江南春绝句》反映了中国诗歌与绘画中的审美情趣，超越时空，融合了儒、释、道与禅宗“顿悟”的思想，表现出思旧、怀远、归隐、写意的诗情。

二、杜牧《赠别（其二）》

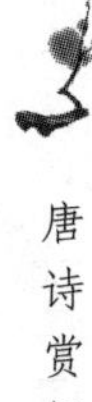

1. 原诗

赠别（其二）　杜牧

多情却似总无情，唯觉樽前笑不成。
蜡烛有心还惜别，替人垂泪到天明。

2. 拼音

zèng bié（qí èr ） dù mù

duō qíng què sì zǒng wú qíng ，wéi jué zūn qián xiào bù chéng 。

là zhú yǒu xīn hái xī bié ，tì rén chuí lèi dào tiān míng 。

3. 注释

(1) 樽：酒杯。

4. 汉译

相聚时情浓，作别时却像无情，
只觉得酒筵上要笑，却笑不出声。
案头蜡烛有心，它还会依依惜别，
你看它替我们流泪，直流到天明。

5. 英译

At Parting II by Du Mu

Deep，deep our love，too deep to show；
Deep，deep our drink；silent we go.
The candle grieves to see us part：
It melts in tears with burnt-out heart.

6. 赏析

这首诗是杜牧在大和九年（835 年），由淮南节度使掌书记升任监察御史，赴长安之前，与扬州歌妓分别之作，抒写了诗人对妙龄歌女留恋惜别的心情。

首句“多情却似总无情”，明明多情，偏从“无情”着笔，一个“总”字，加强了语气，带有浓厚的感情色彩。诗人爱得太深、太多情，以至使他觉得，无论用怎样的方法，都不足以表现出内心的多情。

次句“唯觉樽前笑不成”，以“笑不成”点明原非无情，而是郁郁感伤，实乃多情，回应首句。一个“唯”字，表明诗人是多么想面对情人，举樽道别，强颜欢笑，使所爱欢欣，但因为感伤离别，却挤不出一丝笑容来。想笑是由于“多情”，“笑不成”是由于太多情，不忍离别而事与愿违。这种看似矛盾的情态描写，把诗人内心的真实感受，说得委婉尽致，极有情味。

诗人借物抒情，带着极度感伤的心情去看周围的世界，眼中的一切也都带上了感伤色彩。“蜡烛”本是有烛芯的，所以说“蜡烛有心”；而在诗人的眼里，烛芯却变成了“惜别”之心，把蜡烛拟人化了。在诗人的眼里，那烛泪，就是在为男女主人公的离别而伤心。“替人垂泪到天明”，“替人”二字，使意思更深一层。“到天明”又点出了告别宴饮时间之长，这也是诗人不忍分离的一种表现。

此诗不用“悲”“愁”等字，却写尽悱恻缠绵的离别真情。语言精炼流畅，清爽俊逸，余韵不尽。

三、杜牧《泊秦淮》

1. 原诗

泊秦淮　杜牧

烟笼寒水月笼沙，夜泊秦淮近酒家。
商女不知亡国恨，隔江犹唱《后庭花》。

2. 拼音

bó qín huái　dù mù

yān lóng hán shuǐ yuè lóng shā ，yè bó qín huái jìn jiǔ jiā 。
shāng nǚ bù zhī wáng guó hèn ，gé jiāng yóu chàng《hòu tíng huā 》。

3. 注释

（1）秦淮：即秦淮河，历代均为繁华的游赏之地。

（2）烟：烟雾。

（3）泊：停泊。

（4）商女：以卖唱为生的歌女。

（5）后庭花：歌曲《玉树后庭花》的简称。南朝陈皇帝陈叔宝（即陈后主）作此曲与后宫美女寻欢作乐，终致亡国，所以后世把此曲作为亡国之音的代表。

4. 汉译

迷离月色和轻烟笼罩寒水和白沙，
夜晚船泊在秦淮靠近岸上的酒家。

卖唱的歌女不懂什么叫亡国之恨，

隔着江水仍在高唱着《玉树后庭花》。

5. 英译

A Mooring at Qinhuai River　by Du Mu

Mist veils the cold stream, and moonlight the sand,
As I moor in the shadow of a river-tavern,
Where girls, with no thought of a perished Kingdom,
Gaily echo a song of courtyard flowers.

6. 赏析

《泊秦淮》是杜牧的代表作之一。建康（今南京）是六朝都城，秦淮河穿过城中流入长江，两岸酒家林立，是当时豪门贵族、官僚士大夫享乐游宴的场所。唐王朝的都城虽不在建康，然而秦淮河两岸的景象却一如既往。

严羽《沧浪诗话》说，作诗“发句好尤难得”。这首诗中的第一句就不同凡响，烟、水、月、沙四者，被两个“笼”字和谐地溶合在一起，绘成一幅极其淡雅的水边夜色图。它是那么柔和幽静，而又隐含着微微浮动流走的意态，笔墨轻淡，可迷蒙冷寂的气氛又是那么浓。本来，诗人的活动是先有“夜泊秦淮”，然后见到“烟笼寒水月笼沙”的景色，但是作者反着写，这种写法的好处是：首先创造出一个具有特色的环境气氛，给人以强烈的吸引力，造成先声夺人的艺术效果。其次，一、二句这么处理，就很像一幅画的画面和题字的关系。平常人们欣赏一幅画，往往是先注目于那精彩的画面（这就犹如“烟笼寒水月笼沙”），然后再去看那边角的题字（这便是“夜泊秦淮”）。所以诗人这样写也是颇合人们艺术欣赏的习惯的。

“夜泊秦淮近酒家”，看似平平，却很值得玩味。这句诗内里的逻辑关系是很强的。由于“夜泊秦淮”才“近酒家”。然而，前四个字又为上一句的景色点出时间、地点，使之更具有个性，更具有典型意义，同时也照应了诗题；后三个字又为下文打开了道路，由于“近酒家”，才引出“商女”“亡国恨”和“后庭花”，也由此才触动了诗人的情怀。因此，从诗的发展和情感的抒发来看，这“近酒家”三个字，就像启动了闸门，那江河之水便汩汩而出，滔滔不绝。这七个字承上启下，网络全篇，诗人构思的细密、精巧，于此可见。

商女是侍候他人的歌女，她们唱什么是由听者的趣味而定的，可见说“商女不知亡国恨”，乃是一种曲笔（由于某种特殊的环境原因，作者不便直接道出本意，于是用委婉的语言，使读者通过思索，来了解作者本来的意旨）。真正“不知亡国恨”的是那座中的欣赏者——达官贵人。《后庭花》，即《玉树后庭花》，据说是南朝荒淫误国的陈后主所制的乐曲，这靡靡之音，是陈朝的亡国之音，可是，如今又有人在这衰世之年，用这种亡国之音来寻欢作乐，这不禁使诗人产生历史又将重演的隐忧。“隔江”二字，承上“亡国恨”故事而来，指当年隋兵陈师江北，一江之隔的南朝小朝廷危在旦夕，而陈后主依然沉湎声色。“犹唱”二字，微妙而自然地把历史、现实和想象中的未来串成一线，意味深长。

“商女不知亡国恨，隔江犹唱《后庭花》”，于婉曲之中，表现出辛辣的讽刺、深沉的悲痛、无限的感慨，堪称“绝唱”。这两句表达了较为清醒的封建知识分子对国事怀抱隐忧的心境，又反映了官僚贵族正以声色歌舞、纸醉金迷的生活来填补他们腐朽而空虚的灵魂，而这正是衰败的晚唐现实生活中两个不同侧面的写照。

第三节　泛读篇目

一、杜牧《山行》

1. 原诗

山行　杜牧

远上寒山石径斜，白云深处有人家。

停车坐爱枫林晚，霜叶红于二月花。

2. 拼音

shān xíng　dù mù

yuǎn shàng hán shān shí jìng xiá，bái yún shēn chù yǒu rén jiā 。

tíng chē zuò ài fēng lín wǎn ，shuāng yè hóng yú èr yuè huā 。

3. 注释

（1）山行：在山中行走。

(2) 远上：登上远处的。寒山：深秋季节的山。石径：石子铺的小路。斜：为倾斜的意思。

(3) 深：另有版本作“生”。深，在云雾缭绕的深处；生，在形成白云的地方。

(4) 车：轿子。坐：因为。枫林晚：傍晚时的枫树林。

(5) 霜叶：枫树的叶子经深秋寒霜之后变成了红色。红于：比……更红。

4. 汉译

一条弯弯曲曲的小路蜿蜒伸向山顶，
在白云飘浮的地方有几户人家。
停下来欣赏这枫林的景色，
那火红的枫叶比江南二月的花还要红。

5. 英译

Mountain Trip　by Du Mu

Winding up the rocky path in cold mountain far;
Homesteads unveiled in the floating white clouds.
Stopped the coach to enjoy the late maple woods;
Frosty leaves redder than the February flowers.

6. 赏析

这是一首描写和赞美深秋山林景色的七言绝句。

第一句：“远上寒山石径斜”，由下而上，写一条石头小路蜿蜒曲折地伸向充满秋意的山峦。“寒”字点明深秋时节；“远”字写出山路的绵长；“斜”字照应句首的“远”字，写出了高而缓的山势。由于坡度不大，故可乘车游山。

第二句：“白云深处有人家”，描写诗人山行时所看到的远处风光。“有人家”三字会使人联想到炊烟袅袅，鸡鸣犬吠，从而感到深山充满生气，没有一点儿死寂的恐怖。“有人家”三字还照应了上句中的“石径”，因为这“石径”便是山里居民的通道。

第三句：“停车坐爱枫林晚”的“坐”字解释为“因为”。因为夕照枫林的晚景实在太迷人了，所以诗人特地停车观赏。这句中的“晚”字用得无比精妙，它蕴含多层意思：① 点明前两句是白天所见，后两句则是傍晚之景。

② 因为傍晚才有夕照，绚丽的晚霞和红艳的枫叶互相辉映，枫林才格外美丽。③ 诗人流连忘返，到了傍晚，还舍不得登车离去，足见他对红叶喜爱之极。④ 因为停车甚久，观察入微，才能悟出 。

第四句："霜叶红于二月花"是全诗的中心句。前三句的描写都是在为这句铺垫和烘托。诗人为什么用"红于"而不用"红如"？因为"红如"不过和春花一样，无非是装点自然美景而已；而"红于"则是春花所不能比拟的，不仅仅是色彩更鲜艳，而且更能耐寒，经得起风霜考验。

这首小诗不只是即兴咏景，还咏物言志，有诗人内在精神世界的表露和志趣的寄托，给人启迪和鼓舞。

二、杜牧《秋夕》

1. 原诗

秋夕　杜牧

银烛秋光冷画屏，轻罗小扇扑流萤。

天阶夜色凉如水，坐看牵牛织女星。

2. 拼音

qiū xī　dù mù

yín zhú qiū guāng lěng huà píng ，qīng luó xiǎo shàn pū liú yíng 。

tiān jiē yè sè liáng rú shuǐ ，zuò kàn qiān niú zhī nǚ xīng 。

3. 注释

（1）秋夕：秋天的夜晚。

（2）银烛：银色而精美的蜡烛。银，一作"红"。画屏：画有图案的屏风。

（3）轻罗小扇：轻巧的丝质团扇。流萤：飞动的萤火虫。

（4）天阶：露天的石阶。天，一作"瑶"。

（5）坐看：坐着朝天看。坐：一作"卧"。牵牛织女星：两个星座的名字，指牵牛星、织女星。亦指古代神话中的人物牛郎和织女。

4. 汉译

在秋夜里烛光映照着画屏，

手拿着小罗扇扑打萤火虫。

夜色里的石阶清凉如冷水，

静坐寝宫凝视牛郎织女星。

5. 英译

An Autumn Night　by Du Mu

The painted screen is chilled in silver candlelight,

She uses silken fan to catch passing fireflies.

The steps seem steeped in water when cold grows the night,

She sits watching heart-broken stars shed tears in the skies.

6. 赏析

这首诗是宫怨诗，描写一名孤单的宫女，于七夕之夜，仰望天河两侧的牛郎织女星，不时扇扑流萤，排遣心中寂寞，反映了宫廷妇女不幸的命运，表现了举目无亲、百无聊赖的苦闷心情。

前两句描绘出一幅深宫生活的图景。在一个秋天的晚上，银白色的蜡烛发出微弱的光，给屏风上的图画添了几分暗淡而幽冷的色调。这时，一个孤单的宫女正用小扇扑打着飞来飞去的萤火虫。

第三句，“天阶夜色凉如水”。“天阶”指皇宫中的石阶。“夜色凉如水”暗示夜已深沉，寒意袭人，该进屋去睡了。可是宫女依旧坐在石阶上，仰视着天河两旁的牵牛星和织女星。民间传说，织女是天帝的孙女，嫁与牛郎，每年七夕以鹊为桥，渡河与他相会一次。宫女久久地眺望着牵牛星、织女星，夜深了还不想睡，这是因为牛郎织女的故事触动了她的心，使她想起自己不幸的身世，也使她产生了对真挚爱情的向往。

一、三句写景，把深宫秋夜的景物十分逼真地呈现在读者眼前。“冷”字，形容词当动词用，很有气氛。“凉如水”的比喻不仅有色感，而且有温度感。二、四两句写宫女，含蓄蕴藉，耐人寻味。诗中虽没有一句抒情的话，但宫女那种哀怨与期望相交织的复杂感情见于言外，从一个侧面反映了封建时代妇女的悲惨命运。

总之，这首诗构思极具匠心，首句写秋景，用一“冷”字，暗示寒秋气氛，又衬出主人公内心的孤凄。二句写借扑萤以打发时光，排遣愁绪。三句写夜深仍不能眠，以待临幸，以天街如水，暗喻君情如冰。末句借羡慕牛郎织女，抒发心中悲苦。

◎ 重要概念

晚唐诗　杜牧

本课练习题及答案

第十四单元　李商隐的诗

内容提要

唐诗知识

李商隐　诗歌风格　无题诗

赏析篇目

1. 李商隐《霜月》
2. 李商隐《夜雨寄北》
3. 李商隐《乐游原》

泛读篇目

李商隐《无题》（相见时难别亦难）

第一节　唐诗知识

一、李商隐

李商隐（813—858年），字义山，号玉豀生，怀州河内（今河南沁阳）人。开成二年进士。曾任县尉、秘书郎和东川节度使判官等职。因卷入“牛李党争”而备受排挤，一生困顿不得志。其诗对当时藩镇割据、宦官专权和时政弊端多有所反映。其独创“无题诗”脍炙人口，诗的含义诸家解释不一。有《李义山诗集》。

李商隐诗擅长律绝，富于文采，广纳前人所长，善用比兴，构思精密，情致婉曲，具有独特风格。

李商隐是晚唐最为杰出的诗人之一，与杜牧齐名，世称“小李杜”。

二、诗歌风格

李商隐作诗，刻意追求唯美。他师承极广，风格多样，秾丽而时带沉郁，摇曳而不失厚重，丰厚的思想内容，与曲折的表现形式，达到完美和谐的统一，形成了深情绵邈、典丽精工的独特风格。

具体表现如下：

一是构思缜密，情致深蕴。诗中大量运用比兴、象征等手法，精确的对偶，工丽深细的语言，和美婉转的音律，意义往往隐晦，造成一种缠绵顿挫、缜密深曲的特色。

二是用典含蓄，使人产生丰富联想。如《安定城楼》，作者表达了自己的不得志和失落之情绪，“贾生年少虚垂泪，王粲春来更远游”，诗中以这两位古人自比，显得既含蓄而又贴切。诗人通过典故的灵活运用，表达了更多的思想内容。

三是锤炼字句，工于造语。李商隐诗的语言十分讲究，他注重对成语典故、民谚方言的加工，凝练精确，含义丰富，有大量精美典雅的名句传世，如“相见时难别亦难”，“春蚕到死丝方尽，蜡炬成灰泪始干”等等。

总之，李商隐以其意蕴的深婉、词采的精美、诗意的朦胧美，为抒情诗的发展开辟了新的天地，对中国古典诗歌以及后世词曲的发展，产生了深远的影响。

三、无题诗

在中国古代诗歌中，诗人常常以“无题”为题写作诗篇。之所以用“无题”，是因为作者不便于或者不想直接用题目来显露诗歌的主旨。这样的诗，往往寄托着作者难言的隐痛、莫名的情思、苦涩的情怀、执着的追求等。

按照“无声胜有声”的说法，“无题”应该胜过有题。在创作过程中，诗人的诗情，有时是清晰的，有时是模糊的。当朦胧而又浓烈的情绪袭来的时候，诗人写下的诗篇，也是朦胧而隐晦的，这就是无题诗——现代称为“朦胧诗”。

作为古代无题诗的代表人物，李商隐也被后世推为朦胧诗大师。

李商隐的无题诗，与李白的“夸张诗”及王维的“空诗”一样，在唐诗中卓然独立。

第二节 赏析篇目

一、李商隐《霜月》

1. 原诗

霜月　李商隐

初闻征雁已无蝉，百尺楼高水接天。
青女素娥俱耐冷，月中霜里斗婵娟。

2. 拼音

shuāng yuè　lǐ shāng yǐn

chū wén zhēng yàn yǐ wú chán，bǎi chǐ lóu gāo shuǐ jiē tiān。
qīng nǚ sù é jù nài lěng，yuè zhōng shuāng lǐ dòu chán juān。

3. 注释

(1) 征雁：大雁春到北方，秋到南方，不惧远行，故称征雁。此处指南飞的雁。无蝉：雁南飞时，已听不见蝉鸣。

(2) 楼高：一作“楼台”。水接天：水天一色，不是实写水，是形容月、霜和夜空如水一样明亮。

(3) 青女：主管霜雪的女神。《淮南子·天文训》：青女乃出，以降霜雪。素娥：即嫦娥。

(4) 斗：比赛的意思。婵娟：美好。古代多用来形容女子，也指月亮。

4. 汉译

刚听到远行去南方的大雁的鸣叫声，蝉鸣就已经销声匿迹了，
我登上百尺高楼，极目远眺，水天连成一片。

霜神青女和月中嫦娥不怕寒冷，

在寒月冷霜中争艳斗俏，比一比冰清玉洁的美好姿容。

5. 英译

Moon and Frost　by Li Shangyin

No cicadas will trill when wild geese southward fly;

Viewed from lofty tower, water blends with the sky.

The Moon and Frost Goddesses are cold-proof on high;

Before the crystal palace in beauty they vie.

6. 赏析

此诗写深秋月夜景色，但不作静态描写，而借神话传说描述月夜冷艳之美。

首句以物候变化，说明霜冷长天，深秋已至；次句言月华澄明，天空高远；三、四句写超凡神女，争美竞妍。

在艺术手法上，全诗以想象为主，意境清幽空灵，冷艳绝俗。

“初闻征雁已无蝉”二句，是实写环境背景。这环境是美妙想象的摇篮，它会唤起人们脱俗离尘的意念。正是在这个摇篮里，诗人的想象飞进神话世界中去了。后两句想象中的意境，是从前两句生发出来的。

秋深了，已听不到聒耳的蝉鸣，辽阔的长空里，时时传来雁阵惊寒之声。在月白霜清的宵夜，高楼独倚，水光接天，望去一片澄澈空明。诗人的笔触完全在空际点染盘旋，诗境如海市蜃楼，虚无缥缈，转瞬即逝；诗的形象是幻想和现实交织在一起，构成完美的整体。这正是李商隐诗追求的唯美之处。

二、李商隐《夜雨寄北》

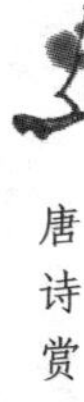

1. 原诗

夜雨寄北　李商隐

君问归期未有期，巴山夜雨涨秋池。

何当共剪西窗烛，却话巴山夜雨时。

2. 拼音

yè yǔ jì běi　lǐ shāng yǐn

jūn wèn guī qī wèi yǒu qī，bā shān yè yǔ zhǎng qiū chí。

hé dāng gòng jiǎn xī chuāng zhú，què huà bā shān yè yǔ shí。

3. 注释

(1) 寄北：写诗寄给北方的人。诗人当时在巴蜀（今四川），他的妻子在长安，所以说“寄北”。这首诗表达了诗人对妻子的深切怀念。

(2) 君：指对方。归期：指回家的日期。

(3) 巴山：指大巴山，在陕西南部和四川东北交界处。这里泛指巴蜀一带。秋池：秋天的池塘。

(4) 何当：什么时候。共：副词，用在谓语前，表示动作行为是由两个或几个施事者共同发生的。可译为“一起”。剪西窗烛：剪烛，剪去燃焦的烛芯，使灯光明亮。这里形容深夜秉烛长谈。

(5) 却话：回头说，追述。

4. 汉译

你问我归期，归期实难说准，
巴山连夜暴雨，涨满秋池。
何时能归去，共剪西窗烛花，
当面诉说，巴山夜雨况味。

5. 英译

A Rainy Night　by Li Shangyin

You ask me when I can return, but I don't know;
It rains in western hills and autumn pool o'er- flow.
When can we trim by window side the candlelight;
And talk about the western hills in rainy night?

6. 赏析

这首诗是李商隐身居巴蜀，写给远在长安的妻子（一说友人）的一首抒情七言绝句，是诗人给对方的回信。这首诗即兴写来，写出了诗人刹那间情感的曲折变化。

诗的开头两句，以问答和对眼前环境的抒写，阐发了孤寂的情怀和对妻子深深的怀念。后两句以设想来日重逢谈心的欢悦，反衬今夜的孤寂。

与李商隐大部分诗词的辞藻华美，用典精巧，长于象征、暗示的风格不同，这首诗质朴、自然，语言朴实，在遣词、造句上看不出修饰的痕迹，但同样也具有“寄托深而措辞婉”的艺术特色。它构思新巧，跌宕有致，言浅意深，语短情长，具有含蓄的力量，千百年来吸引着无数读者，令人百读不厌。

三、李商隐《乐游原》

1. 原诗

乐游原　李商隐

向晚意不适，驱车登古原。

夕阳无限好，只是近黄昏。

2. 拼音

lè yóu yuán　lǐ shāng yǐn

xiàng wǎn yì bú shì，qū chē dēng gǔ yuán 。

xī yáng wú xiàn hǎo，zhǐ shì jìn huáng hūn 。

3. 注释

(1) 乐游原：在长安（今西安）城南，是唐代长安城内地势最高地。

(2) 向晚：傍晚。不适：不悦，不快。

(3) 古原：指乐游原。

(4) 近：快要。

4. 汉译

傍晚时心情不快，

驾着车登上古原。

夕阳啊无限美好，

只不过已是黄昏。

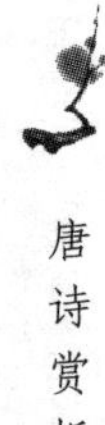

5. 英译

A Grief at Dusk by Li Shangyin

At dust my heart is filled with gloom;
I drive my cab to ancient tomb.
The setting wun seems so sublime;
But it is near its dying time.

6. 赏析

这是一首久负盛名的佳作。

李商隐所处的时代是国运将尽的晚唐，尽管他有抱负，但是无法施展，很不得志。这首诗就反映了他的伤感情绪。

前两句“向晚意不适，驱车登古原”，意思是：傍晚时分我心情郁闷，驾着车登上古老的郊原。“向晚”指天色快黑了，“不适”指不悦。诗人心情忧郁，为了解闷，就驾着车子外出眺望风景。“古原”就是乐游原，在长安城南，地势较高，是唐代的游览胜地。这两句，点明登古原的时间和原因。

后两句“夕阳无限好，只是近黄昏”，意思是：夕阳下的景色无限美好，只可惜已接近黄昏。“无限好”是对夕阳下的景象热烈赞美。然而“只是”二字，笔锋一转，转到深深的哀伤之中。这是诗人无力挽留美好事物所发出的深长的慨叹。

这两句近于格言式的慨叹，具有极高的美学价值和思想价值。它含义深沉，不仅是感叹夕阳西下的自然景象，也是对自己、对整个时代所发出的感叹。

此诗不用典，语言明白如话，毫无雕饰，节奏明快，感喟深沉，富于哲理，是李诗中少有的。

第三节 泛读篇目

李商隐《无题》(相见时难别亦难)

1. 原诗

无题(相见时难别亦难)　李商隐

相见时难别亦难，东风无力百花残。
春蚕到死丝方尽，蜡炬成灰泪始干。
晓镜但愁云鬓改，夜吟应觉月光寒。
蓬山此去无多路，青鸟殷勤为探看。

2. 拼音

wú tí (xiāng jiàn shí nán bié yì nán)　lǐ shāng yǐn
xiāng jiàn shí nán bié yì nán，dōng fēng wú lì bǎi huā cán。
chūn cán dào sǐ sī fāng jìn，là jù chéng huī lèi shǐ gān。
xiǎo jìng dàn chóu yún bìn gǎi，yè yín yīng jué yuè guāng hán。
péng shān cǐ qù wú duō lù，qīng niǎo yīn qín wéi tàn kàn。

3. 注释

(1)“相见”二句：见难，指机会难得；别难，指不忍分离。东风：春风。

(2)“春蚕”二句：以春蚕象征情思，以蜡泪象征别泪。

(3)“晓镜”二句：写对方相思之情。但愁：应愁，是设想的语气。云鬓：年轻女子的发鬓，丰盛如云。云鬓改，指青春的容颜消退。

(4) 蓬山：即蓬莱山，海外三仙山之一，喻指对方住处。无多：不多。

(5) 青鸟：神话中的鸟，西王母的使者，这里指传递消息的人。

4. 汉译

见面的机会真是难得，分别时更是难舍难分，
况且又兼东风将收的暮春天气，百花残谢，更加使人伤感。
春蚕结茧到死时丝才吐完，

蜡烛要燃尽成灰时像泪一样的蜡油才能滴干。

早晨梳妆照镜，只担忧如云的鬓发改变颜色，容颜不再，

长夜独自吟诗不寐，必然感到冷月侵人。

对方的住处就在不远的蓬莱山，却无路可通，可望而不可及，

希望有青鸟一样的使者，殷勤地为我去探看情人。

5. 英译

To One Unnamed　by Li Shangyin

It's difficult for us to meet and hard to part.
The east wind is too weak to revive flowers dead.
The silkworm till it's death spins from love-sick heart.
The candle one when it burned has no tear to shed.
At dawn she'd be afraid to see mirrored hair-gray.
At night she would feel cold while I croon by moonlight.
To the three fairy hills it is not a long way.
Would the blue-bird oft fly to see her one their height.

6. 赏析

这首诗是李商隐《无题》诗的代表作。

首联是极度相思而发出的深沉感叹，在聚散两依依中，突出别离的苦痛。"东风无力百花残"一句，既写自然环境，也是抒情者心境的反映，物我交融，心灵与自然取得了精微的契合。这种借景物反映人的境遇和感情的描写，在李商隐的笔底是常见的。

颔联接着写"相见时难别亦难"的感情，表现得更为曲折入微。诗人以象征的手法写出自己的痴情苦意，以及九死而不悔的爱情追求。"春蚕到死丝方尽"中的"丝"字与"思"谐音，全句是说，自己对于对方的思念，如同春蚕吐丝，到死方休。"蜡炬成灰泪始干"是比喻自己为不能相聚而痛苦，无尽无休，仿佛蜡泪直到蜡烛烧成了灰方始流尽一样。追求是无望的，无望中仍要追求，因此这追求也带有悲观色彩。这些感情，好像在无穷地循环，诗人只用两个比喻就圆满地表现了如此复杂的心理状态，表明他的联想是很丰富的。

以上四句着重揭示内心的感情活动，使难以言说的复杂感情具体化，写得很精彩。

颈联上句写自己，“云鬓改”，是说自己因为痛苦的折磨，夜晚辗转不能成眠，以至于鬓发脱落，容颜憔悴；下句“夜吟应觉”想象对方，推己及人，揣想对方大概也将夜不成寐，常常吟诗遣怀，但是愁怀深重，无从排遣，所以愈发感到环境凄清，月光寒冷，心情也随之更趋暗淡。此联生动地描写了纡折婉曲的精神活动。

尾联想象更加具体。思念愈深切，便愈会燃起会面的渴望。既然会面无望，于是只好请使者为自己殷勤致意，替自己去看望她。诗词中常以仙侣比喻情侣，青鸟是西王母的使者，蓬山是神话传说中的一座仙山，所以这里即以蓬山作为对方居处的象征，而以青鸟作为抒情主人公的使者出现。这个寄希望于使者的结尾，并没有改变“相见时难”的痛苦境遇，不过是无望中的希望，前途依旧渺茫。诗已经结束了，抒情主人公的痛苦与追求还将继续下去。

这首诗，从头至尾，都充斥着痛苦、失望而又缠绵、执着的感情，诗中每一联都是这种感情状态的反映，但是各联的具体意境又彼此有别。它们从不同的方面，反复表现着融贯全诗的复杂感情，同时又以彼此之间的密切衔接，而纵向地反映这种复杂感情的心理过程。这样的抒情，连绵往复，细微精深，成功地再现了心底的绵邈深情。

可以看出，在这首《无题》诗中，李商隐在前人创作的基础上，有所继承和借鉴。他并没有简单地模仿前人，而是以很高的创造性，向前跨进了一大步，把原来比较朴素的表现手段改造得更曲折、生动，用以反映更为丰富、深刻的思想感情，脱去旧的形迹，成为新的创造。

诗人丰富的文学修养与他对于意境和表现手段的探索，是这首诗取得成就的重要条件。

◎ **重要概念**

李商隐　无题诗

本课练习题及答案

中国诗词知识百题

A 卷

B 卷

参考文献

彭定求，等. 全唐诗［M］. 上海：上海古籍出版社，1986.

霍松林，等. 唐诗鉴赏辞典［M］. 上海：上海辞书出版社，1983

蘅塘退士，等. 唐诗三百首·宋词三百首·元曲三百首［M］. 北京：华文出版社，2009.

闻一多. 唐诗杂论五孟浩然［M］. 上海：上海古籍出版社，1998.

萧涤非. 唐诗鉴赏辞典［M］. 上海：上海辞书出版社，1983.

袁行霈. 中国诗歌艺术研究［M］. 北京：北京大学出版社，1987.

王步高. 唐诗鉴赏［M］. 南京：南京大学出版社，2013.

许渊冲. 许译中国经典诗文集唐诗三百首［M］. 北京：中华书局，2012.

董伯韬. 悠远唐音［M］. 哈尔滨：黑龙江大学出版社，2013.

宇文所安. The Poetry of The Early T'ang 初唐诗［M］. 贾晋华，译. 北京：生活·读书·新知三联书店，2014.

许渊冲. 唐诗三百首.［M］. 北京：高等教育出版社，2000.

许渊冲. 唐诗三百首新译［M］. 香港：商务印书馆，1988.

许渊冲. 文学与翻译［M］. 北京：北京大学出版，2016.

杨宪益，戴乃迭. 唐诗［M］. 北京：外文出版社，2001.

电子文献：

百度百科 https：//baike. baidu. com

古诗文网官网 https：//www. gushiwen. org

http：//www. examda. com

http：//www. kekenet. com/kouyi/201502/360106. shtml

http：//bbs. tianya. cn/list-english-1. shtml